憲法與基本法
研 究 叢 書

分歧與共識：
香港行政長官普選制度研究

Divergence and Consensus:
A Study on Universal Suffrage System
of the Chief Executive of HKSAR

朱世海 等 著

總序

　　基本法是"一國兩制"方針的法律化、制度化，關於基本法的研究一直伴隨着"一國兩制"事業的不斷深化而演進。迄今為止，基本法研究大概可以劃分為三個階段。

　　第一階段是從 1980 年代初"一國兩制"提出，到 1990 年、1993 年兩部基本法分別獲得全國人大通過，這個階段基本法研究的主要任務是如何把"一國兩制"從方針政策轉化為具體的法律條款，成為可以操作的規範，最終的成果就是兩部偉大的法典 —— 香港特別行政區基本法和澳門特別行政區基本法。

　　第二階段從基本法獲得通過到基本法開始實施、香港和澳門分別於 1997 年和 1999 年回歸祖國，這個階段基本法研究集中在兩個方面，一是對基本法文本的詮釋解讀，主要是由參與基本法起草的老一代專家學者進行，也有一些媒體寫作了不少著作，給我們留下了寶貴的第一手資料；二是研究如何把基本法的相關條款與政權移交的政治實踐相結合，實現港澳原有制度體制與基本法規定的制度體制的對接，這是超高難度的政治法律工程，最終實現了政權的順利移交和港澳的成功回歸。

　　第三階段是從 1997 年、1999 年港澳分別回歸、基本法開始實施以來，基本法研究經歷了一段低谷時間，大家都以為既然港澳已經順利回歸，基本法已經開始實施，基本法研究可以劃個句號了，於是刀槍入庫，馬放南山，本來已經成立的全國性研究組織"基本法研究會"也無疾而終。2003 年香港基本法第 23 條立法遇挫後，大家才意識到基本法研究不是完成了，而是從實施之日起，故事才真正全面開始。特別是近年來，在國家和香港、澳門有關部門的大力推動下，基本法研究逐漸成為顯學。2013 年更成立全國性學術團體"中國法學會香港基本法澳門基本法研究會"，內地和港澳的大學紛紛成立關於基本法的研究機構，基本法研究越來越繁榮。

有人問，基本法研究前途如何？我認為基本法研究前途光明，無論從法學理論或者政治實踐上，基本法研究都是一項長期的偉大事業。美國憲法只有七千餘字，從起草到開始實施以來，美國人和全世界的學者已經研究了 200 多年，今天還在持續不斷地研究，永無止境。各有一萬多字的兩部基本法，需要研究的問題極其複雜繁多，從某種意義上說，基本法研究比單純研究"一國一制"的美國憲法更複雜，1997 年基本法開始實施才是萬里長征邁出的第一步，漫長的路還在後邊。基本法這本書要讀懂、讀好、用好確實不容易！既然"一國兩制"是國家長期堅持的基本國策，是中國特色社會主義的重要組成部分，"一國兩制"的實踐、創新永無止境，那麼，基本法的研究也就永無止境，是值得終身為之奮鬥的偉大事業，責任重大，使命光榮。

但是，長期以來，基本法研究存在碎片化問題，成果沒有很好地整合，形成規模效應，產生應有的學術和實踐影響力。這正是編輯出版這套叢書的目的。三聯書店的朋友希望我出面主編這套叢書，我欣然應允。一方面為中國內地、港澳和海外研究基本法的專家學者提供出版自己著作的平台，另一方面也為社會公眾特別是國家和港澳從事基本法實踐的部門和人士了解這些研究成果提供方便。

這套叢書的名稱叫做"憲法與基本法研究叢書",為什麼加上"憲法"二字?我認為這是必須的,研究基本法一定不能離開中國憲法,港澳兩個特別行政區不可能離開國家而單獨存在,兩部基本法也不可能離開中國憲法而單獨存在。基本法不是從天而降獨立存在的法律文件,它們是特別行政區的憲制性法律,但絕對不能說是特別行政區的"憲法"。基本法在港澳地方層面具有凌駕地位,超越任何機關和個人,具有最高法律效力,無論行政長官或者行政、立法和司法機關,或者任何公職人員、市民都要遵守基本法,按照基本法辦事。但是在國家層面,基本法是憲法的"子法",憲法是其"母法",基本法的生命來自憲法。如果說"一國"是"兩制"之根、之本的話,憲法就是基本法之根、之本,離開國家憲法來看待基本法、來研究基本法,那就是無源之水,無本之木,基本法研究就一定會枯竭,而不會枝繁葉茂,基本法的理論和實踐就一定會走樣、變形。我們不能假裝香港澳門沒有憲法,只有基本法,不能誤國誤民、誤港誤澳。"一個國家、一部憲法",這是放之四海而皆準的真理。天無二日,國無二君,同樣國無二憲,一個國家只能有一部具有主權意義的憲法;如果一國有兩部憲法,那就是兩個國家了。既然憲法和基本法共同構成了特別行政區的憲制基礎,我們就必須把基本法研究放在整個中國大憲制架構下,根據"一國兩制"的方針,去詮釋基本法的理論和實踐。

這才是基本法的本來面目,也才是研究基本法所應採取的實事求是的科學態度。這不僅是政治上大是大非的原則問題,而且也是基本的學術誠實(intellectual honest)問題。我們必須以科學誠實的態度,以對國家和港澳高度負責的精神,立場堅定、旗幟鮮明、毫不含糊地去展現事物本來的面目，讓世人看到真相，儘管真相有時讓人痛苦。我們果斷地把“憲法”兩字加上，就是希望把基本法研究放在整個國家的憲制架構和憲法理論體系之下來展開，這樣才真正有可能發展出一套中國憲法關於基本法的次理論體系，才能真正適應香港回歸後憲制的革命性變化，為基本法定好位，為特別行政區定好位，減少無謂的政治法律爭議，把時間和精力放在建設特別行政區上。因此這套叢書就定名為“憲法與基本法研究叢書”。

在這裡，我特別感謝三聯書店（香港）提供的平台，感謝侯明女士和顧瑜女士的大力推動，讓海內外研究基本法的專家學者可以有一個穩定的出版渠道，及時發表自己的著作，為憲法和基本法的實踐、為繁榮“一國兩制”和基本法的學術研究做貢獻。

王振民

2017 年 7 月 4 日於北京

緒論

　　《中華人民共和國香港特別行政區基本法》（以下簡稱香港基本法）第 45 條規定："香港特別行政區行政長官在當地通過選舉或協商產生，由中央人民政府任命。行政長官的產生辦法根據香港特別行政區的實際情況和循序漸進的原則而規定，最終達至由一個有廣泛代表性的提名委員會按民主程序提名後普選產生的目標。"該條文確定了行政長官最終由普選產生的目標，但遺憾的是此目標迄今未能實現。本書主要致力於探討香港行政長官普選應採取何種制度安排。

　　自回歸以來，香港行政長官的選舉制度經歷了數次改革，民主性逐步增強。根據《全國人民代表大會關於香港特別行政區第一屆政府和立法會產生辦法的決定》，第一任行政長官由 400 人構成的香港特別行政區籌備委員會負責籌組香港特別行政區第一屆政府推選委員會選舉產生。香港基本法附件一《香港特別行政區行政長官的產生辦法》第 1 條規定，行政長官由一個由 800 人構成的、具有廣泛代表性的選舉委員會根據本法選出，由中央人民政府任命。據此，香港在 2002 年產生第二任行政長官。為實現政制發展，香港基本法附件一第 7 條規定，2007 年以後各任行政長官的產生辦法如需修改，須經立法會全體議員三分之二多數通過，行政長官同意，並報全國人民代表大會常務委員會批准。針對香港有人要求 2012 年普選行政長官和立法會的呼聲，全國人民代表大會常務委員會在 2007 年作出《關於香港特別行政區 2012 年行政長官和立法會產生辦法及有關普選問題的決定》。全國人大常委會決定 2012 年香港特別行政區第四任行政長官的選舉不實行由普選產生的辦法；2012 年香港特別行政區第五屆立法會的選舉也不實行全部議員由普選產生的辦法。但 2017 年香港特區第五任行政長官的選舉可以實行由普選產生的辦法；在行政長官由普選產生以後，香港特別行政區立法會的選舉可以實行全部議員由普選產生的辦法。2010年，香港特區行政長官選舉委員會人數在原來 800 人基礎上增加 400 人的改革方案在立法會得以通過，並經全國人大常委會批准，故 2012 年第四任行政長官就由 1,200 人組成的選舉委員會產生，政制發展得以循序漸進。

為爭取在 2017 年實現行政長官普選，香港特區政府積極推進普選的相關事宜。香港特區政府於 2013 年 10 月 17 日宣佈成立由政務司司長領導、律政司司長和政制及內地事務局局長為成員的政改諮詢專責小組（以下簡稱專責小組），負責處理 2017 年行政長官及 2016 年立法會產生辦法的公眾諮詢工作。專責小組隨後於 2013 年底發佈《2017 年行政長官及 2016 年立法會產生辦法公眾諮詢文件》，正式展開政改諮詢。經過五個月的諮詢，共收到約 124,700 份來自不同團體和個別人士的書面意見。香港特區政府在 2014 年 7 月發佈《2017 年行政長官及 2016 年立法會產生辦法公眾諮詢報告》，該報告詳細交代了有關兩個產生辦法所收集到的意見。香港特區行政長官在 2014年 7 月向全國人大常委會提出《關於香港特別行政區 2017 年行政長官及 2016 年立法會產生辦法是否需要修改的報告》。全國人大常委會於 2014 年 8 月 31 日作出《關於香港特別行政區行政長官普選問題和 2016 年立法會產生辦法的決定》（以下

簡稱 "831 決定"），重申 2017 年香港第五任行政長官由普選產生，要求行政長官候選人須由一個有廣泛代表性的提名委員會產生，而且每名候選人均須獲得提名委員會全體委員半數以上的支持。香港特區政府政改諮詢專責小組於 2015 年 1 月發佈《2017 行政長官普選辦法諮詢文件》，再次強調政制發展必須建基於香港基本法和全國人大常委會的決定。經過三個月的諮詢，香港特區政府政制及內地事務局在 2015 年 4 月發佈《行政長官普選辦法公眾諮詢報告及方案》，就行政長官普選辦法的各項議題提出建議，其中在行政長官實行由普選產生的辦法方面，由 1,200 人組成的提名委員會按照現時選舉委員會四大界別共 38 個界別分組組成；提名委員會須提名二至三名候選人，而該二至三名候選人須獲得提名委員會全體委員半數以上支持；提名委員會提名行政長官的具體程序分為 "委員推薦" 和 "委員會提名" 兩個階段；全港合資格選民從提名委員會提名的二至三名候選人中，以 "得票最多者當選" 的方式選出行政長官人選，即只舉行一輪投票。香港特區政府在 2015 年 6 月向立法會提交《中華人民共和國香港特別行政區基本法附件一香港特別行政區行政長官的產生辦法修正案（草案）》，關於行政長官普選辦法，該修正案（草案）堅持《行政長官普選辦法公眾諮詢報告及方案》中的規定。同年 6 月 18 日香港立法會就 2017 年行政長官普選方案進行表決，結果此方案未獲通過。香港行政長官普選可能在 2022 年或此後進行，我們有更充分的時間去總結此次的經驗教訓，探討普選的相關事宜，以期行政長官普選在不久的將來能夠順利進行。

香港行政長官普選要經過提名委員會提名、全港普選和中央政府任命等環節，這些環節是行政長官普選的必經程序，緊密相連，缺一不可。香港行政長官普選具體涉及提名委員會怎麼組建、候選人應具備什麼資格、候選人若何依法產生、普選怎樣在全港進行，以及中央如何行使任命權等問題。本書就是以上述五個問題為研究對象，將主要內容分為五章。第一章，分析美法俄等國家行政首長選舉提名辦法，得到對香港行政長官普選應採用何種提名辦法的啟示：政府首腦普選提名方法不存在普適的國際標準，公民提名未必適合香港，以及香港當前也不宜搞政黨提名。行政首長提名的方法應依照社會實情和政治環境訂立，絕不應只複製一個政治理念，或盲目模仿另一個成功的政治體制。香港行政長官普選的提名委員會組建辦法應從香港實際情況出發，落實廣泛代表、均衡參與、循序漸進等原則。未來行政長官提名委員會的組建，應完善提名委員會的界別設置，並擴大提名委員會的選民基礎。第二章，考察一些國家／地區對行政首長任職資格的做法，提出香港在參選人資格要求上仍有進一步優化和完善的空間，包括完善合法政治門檻的內容、豐富民意授權門檻的要求，以及增設經濟門檻的規定。第三章，從普選方案角度分析此次政改失敗的主要原因，提出未來行政長官普選方案應作相應的調整。未來行政長官普選的推薦程序和提名程序的制度設計應體現公正公平的原則，為此需要降低候選人提名門檻、增加參選人推薦方式。第四章，比較分析了簡單多數制（Simple Majority System）、兩輪投票制（Two-Round System）、排序複選制（Instant-Runoff Voting）、最多訊息制（Maximum Information）、補充投票制（Supplemental Vote System）等選舉制度，提出香港行政長官普選過且採用相允投票制。同時提出要提高香港未來行政長官普選中的選民登記及投票率。第五章，提出可通過全國人大常委會對香港基本法第 45 條進行解釋，明確香港特區行政長官人選不是香港選民單方面就能決定的，而是香港選民意志與中央政府意志的合一，中央政府對行政長官人選具有選擇性任命權。此外還提出，對"前門"（提名環節）、"中門"（普選環節）和"尾門"（任命環節）進行多環節系統防守。

行政長官普選制度設計的關鍵是候選人提名門檻，此問題也會成為未來行政長官普選方案爭議的焦點。在目前香港還沒有就國家安全進行立法的情況下，鑒於香港政治生態的特點，中央政府對行政長官人選秉持審慎的態度是必要的。但過高的門檻必然會讓一些港人感覺到自己被排除在建制之外，他們自然就會對中央政府產生疏離或對立的情緒，不僅不利於香港人心回歸，甚至還會把這些港人推向支持"港獨"的勢力。面對香港出現"港獨"勢力的新形勢，對港政策也應及時調整，應把泛民中的溫和組織和人士作為團結的中堅力量。為此，在行政長官普選制度設計上需要降低行政長官候選人提名門檻，通過拓展政制的包容度，以減少港人對憲制的對抗。這也有利於贏得更多港人對中央政府的認同，並能夠最大程度消解支持"港獨"的力量。

關於香港行政長官普選制度的研究是很新的課題，目前僅有零散的研究成果，而且絕大多數是發表於報紙或網絡。同時，可能是因為此話題政治性較強的原因，目前的研究者往往是先有立場、後有觀點。就中國內地學者而言，其觀點基本上是對官方決策的註解，或政策宣傳，僅偶見一兩篇有獨到見解之作。就香港人士（主要是泛民主派人士）而言，其觀點基本上是與官方對立，不否認包含一定的合理成分，但往往超越香港基本法所構建的框架。研究現狀決定了此問題研究的意義，同時也決定了研究的難度。做好此課題，不僅要從實際出發、密切聯繫實踐，還要進行理論分析、符合學術規範。本課題主要關涉民主理論，特別是其中關於選舉制度的內容。當然，也涉及地方自治、中央與地方關係等憲政理論。本書的研究具有較大的難度，而欣慰的是本書作者結構頗佳，克服了研究工作遇到的種種困難。本書作者構成多元，既有內地大學的教授，也有港澳高校的學者；不但有憲法學專業的教授，而且有政治學專業的專家；既有年富力強的中年骨幹，又有朝氣蓬勃的青年才俊。本書作者在地域、專業、職業、年齡等方面多元化的構成，也使本書的研究具有多學科、多視角、多範式等特點。

作為基礎性研究與應用性研究相結合的國家社科基金項目的結項成果，本書存在較濃厚的為政府決策提供政策建議的色彩。需要強調的是，有的觀點與內地學界主流觀點有出入，但作者並非有意挑戰權威，只是基於學理、常理的真實認識。誠然，這些真實認識也很可能偏頗、甚至錯誤。

目錄

第一章

提名委員會怎麼組建

關於香港行政長官普選應採取何種辦法提名，一直以來有
"公民提名"[1]、"政黨提名"[2]、提名委員會提名[3]，以及三者結
合[4]等各種主張。香港基本法第 45 條對此規定採用提名委員
會方案，但提名委員會如何組建，社會各界有不同的意見。探
討香港行政長官普選的提名委員會組建問題，可能需要參照國
際上的有關國家行政首長普選的經驗，又應從香港實際情況出
發，落實循序漸進、廣泛代表、均衡參與等原則。

組建提名委員會的域外經驗

——— • ———

香港雖是中國主權國管轄下的行政區域，但因是特別行政區的緣故，其政治體制有別於中國內地的行政區域，具有鮮明的總統制特徵。行政長官既是特別行政區行政機關的首長，同時又是特別行政區的首長，具有雙重的法律地位。鑒於此，美國、俄羅斯和法國等總統制國家（俄羅斯、法國是超強總統制）總統選舉的提名辦法或許能給香港行政長官普選提供一些可資借鑒的經驗。

一、美法俄等國行政首長選舉提名辦法概述

美國是世界上第一個民主選舉行政首腦的大國，美國總統的選舉程序也較為複雜。根據美國憲法，擔任美國總統的形式條件很簡單：出生在美國，年滿 35 歲，在美國住滿 14 年的公民，皆可被選。現在的美國總統選舉，全民參與，一人一票，不分種族，不分貧富，實質上是一種直接選舉，但是在程序上，卻仍然得按照二百多年前憲法的規定，各州選民只是選出本州的大選舉團。當選的大選舉團開會，在總統候選人之間投

票。投票結果送到聯邦參議院，參議院議長當著參眾兩院全體議員的面拆開各州來件，然後計算總票數。得票超過大選舉團總數一半者，則當選總統。如果無人過半數，則由眾議院在得票最多的五人之間，以一州一票的計票方式選出總統。這看上去好像又是一種間接選舉法。

一般在總統選舉年的六月，各政黨由各州選派代表參加全國代表大會，在會議上提名總統候選人。總統候選人的提名一般是在大會的第三天或是第四天進行。在全部州都提出候選人之後，就由大會代表通過個別投票方式選舉本黨的總統候選人。五、六月間，全國代表大會的大部分代表已經產生，競選人各自擁有多少代表的支持已經明朗。因此，誰將成為兩黨的總統候選人大體上已成定局，全國代表大會實際上只是認可總統候選人（包括副總統候選人）的提名而已。

至於提名辦法，則需要訴諸複雜的初選。各黨的總統候選人要經過各黨的提名和初選產生。各州對提名和初選的法律規定不同，各黨的競爭規則也不同。各州的法律規定又經常在修改，各大黨的做法也在不斷變化，這樣就形成了非常複雜的初選。這是美國總統選舉的又一個特點。各黨總統候選人先是在各州黨內競爭，其激烈程度不亞於正式競選時的競爭。競爭出來的一個或者多個候選人，再到黨的全國代表大會上競爭，最後確定的人選才是該黨的總統候選人，才正式在各州登記，並且隨之開始緊鑼密鼓的全國競選活動。

在各州競爭總統候選人的活動，各黨又有所不同。這種競爭活動，要決定的是該州本黨認定誰是總統候選人，但是名義上卻是要競爭派誰作為代表，出席全國代表大會選出本黨的正式總統候選人。這樣，參加全國代表大會的代表就好像大選時候的大選舉團。競爭方式主要有兩種，即黨團會議（Caucus）和初選（Primary）。這兩種方式，又有封閉的和開放的之分。如果只讓經過登記的黨員參與，這就是封閉的；如果讓所有願意的民眾都能參與，這就是開放的。

"黨團會議"是一種比較老的方式，現在只有幾個州，如愛荷華州，採用這種方式。這種方式是典型的民間政黨在地方上的活動：先是在鎮一級或者縣一級，召集本黨黨員開會。開放式的則向民眾開放。誰都可以在會上發言，說說誰當本黨的總統候選人比較好。總統候選人不一定是本地人。最後用簡單表決的方式，決定擁戴某總統候選人的有多少比例，從而確定本地派出參加上一級黨團會議的代表，他們的比例應該符合與會者擁戴各個總統候選人的比例。最後召開州一級的黨團會議，經過同樣的辯論，然後在本黨推派的總統候選人之間投票表決，決定該黨本州擁戴某總統候選人的比例是多少。

而"初選"則是指在經過一段時間的黨內競選活動以後，於某州統一的初選日，讓經過登記的黨員（封閉式）或者選民（開放式）到投票站對這眾多候選人作出選擇。現在大多數州都規定初選是開放的，鼓勵沒有登記為黨員的選民去參加初選。但是多數州也規定，你在共和黨的初選選票上投了票，就不能再在民主黨的初選選票上去投票。這一規定是防止有人到對方黨的選票上去搗亂，去選出對方最差的候選人。可是，從理論上講，初選不是選總統，甚至還不是選總統候選人，而是要選出本黨派派往黨的全國代表大會的代表。這樣，初選就有直接初選和間接初選的區別。直接初選即直接選出黨代表大會代表，川間接初選即選民只投票對偏向哪個總統候選人作出表態，然後由該黨根據選民態度來決定派什麼人去參加全國代表大會。真正決定大選時總統候選人的，是各黨的全國代表大會，即大選舉團。[5]

法國對總統候選人的資格，做了較為嚴格的限制。總統候選人必須是年滿 23 週歲，服過兵役，按照法律規定有被選舉資格的法國公民。根據法國憲法，法國總統由普選產生，採用"多數兩輪投票制"。即在第一輪投票中如無人獲得超過半數的選票，則要進行第二輪投票，由選民在首輪選舉中得票率第一和第二的兩位候選人中選出一位擔任總統。與美國實行間接選舉制不同，法國實行的是直接選舉制。在候選人提名方面，法國規定候選人需獲得至少 500 名民選代表的擔保提名，由於這 500 人必須是國民議會議員、參議院、社會經濟委員會委員、地方議會議員或者市長，且其中必須包括 30 個省和海外領地的代表，並且 10% 以上的代表不得來自同一省或者海外領地，顯然要成為總統候選人也並不容易。同時，總統候選人必須向國庫繳納保證金一萬法郎，方能參加競選。如果候選人在第一輪投票中所得有效選票不足 5%，保證金將被沒收。這樣嚴格的限制主要是針對多黨制的，以排斥眾多小黨參加競選。候選人向憲法委員會報名登記，憲法委員會負責審查候選人的資格和品行，並在投票前 15 天正式公佈候選人名單。

在俄羅斯，作為正式候選人需要徵集到 200 萬選民的簽名支持，而進入杜馬的政黨不需要再去徵集選民簽名支持，就可直接正式列入總統候選人名單。1991 年以來，俄羅斯已經先後舉行了五屆總統選舉，以憲法和法律的形式確立了作為民主制度重要內容的總統選舉制度在國家政治生活中的地位。轉型時期的俄羅斯總統選舉已基本符合民主選舉的要求，但在“超級總統制”和不成熟的政黨政治條件下，政黨在選舉中的作用十分有限，政權力量和候選人的個人政治魅力成為選舉政治的主導因素。總統由具有選舉權的公民根據普遍、平等、直接、無記名投票的方式選舉產生，每屆任期五年，連選連任，但連續任職不得超過兩屆；年滿 35 週歲以上 65 週歲以下的具有選舉權的俄羅斯公民，可以當選俄羅斯聯邦總統；設立副總統職位，副總統候選人由總統候選人提名，兩人作為聯盟者一同參加競選。總統候選人的提名權屬於已按照法定程序在俄司法部登記的全俄一級的政黨、社會組織和群眾運動。“2003 年 1 月 1日，普京批准了俄羅斯第四部《俄羅斯聯邦總統選舉法》。該法強調了政黨在總統選舉中的責任和作用，規定只有符合 2001 年政黨法規定的政黨才擁有總統候選人的提名權；在 2003 年 12 月第三屆俄羅斯國家杜馬全聯邦選區選舉中所獲得選票超過參加投票選民總數 5% 以上選票而進入國家杜馬的政黨，可以免除為其提名的總統徵集 200 萬選民支持簽名的義務。”[6]

二、美法俄等國行政首長選舉提名辦法比較

由以上可見，美法俄等國總統選舉提名辦法具有一些共性的特徵，但在具體內容上也是各具特色。

（一）政黨政治

美法俄三國的總統任職資格要求看似簡單，很多國民滿足

擔任總統的基本條件。但是，總統選舉實際上卻是各大政黨的選舉遊戲。美國，先不說在最後階段人民可以投票給誰，早在初選階段，各個黨已經選好了他們的代表，選好了他們心目中的總統候選人。換句說話就是，如果你不是任何黨內的人，極難成為總統候選人，就算你有足夠民意支持。翻看美國過往 44 位總統，只有第一任總統佐治·華盛頓沒有黨派背景。而且，雖說是各個黨派自由競爭，但自 1853 年開始，所有總統不是民主黨便是共和黨，兩個黨輪流執政，主導了整個美國。別說無黨派者難成為總統，就連小型黨派也很難成為最終候選人。

俄羅斯的情況和美國相似，2001 年確立的政黨法更是進一步肯定了這個事實，即只有符合政黨法規定的政黨才擁有總統候選人的提名權。公民的自薦提名必須得到 200 萬以上選民簽名支持，這些選民必須分佈在 48 個聯邦主體（每個聯邦主體獲得選民支持簽名不得超過 5 萬）才有效，因此公民提名可能性很小。

然後便是法國，相較於美國和俄羅斯，法國屬直接選舉制，總統候選人看似沒那麼局限於政黨，只要有能力便可以成為總統。但是，實行並不容易，要取得 500 位民選代表擔保提名，又要交 10,000 法郎保證金，一般的無黨派候選人實難做到，當然，比起美俄，無黨派候選人在法國成為候選人的機會還是高一點。採用直接選舉制，卻又設這限制，原因在於法國屬多黨制，政府中有大量小黨，若提名不設限，只怕選舉時會出現大批候選人，造成混亂、浪費大量資源。競選之餘，總統選舉亦難以作結，只會沒了沒完。

（二）人民參與

在提名過程中，人民有直接的提名權嗎？美國是通過政黨提名來選出候選人。在美國，情況較為複雜，初選時會先選出黨代表，而那些黨代表中，亦可能包括將來的總統候選人，但基於不同州和不同黨的法律和規定，人民參與程度會有所不同，部分黨會內部自行決定，部分黨會讓已登記的黨員投票決定，而部分黨會開放讓所有人投票決定。人民並不一定擁有提名權。而到了最後階段，選出總統的人是大選舉團中的人，而非直接一人一票選出來。法國的提名機制是個人推薦制，在國會議員、大區議員、巴黎市議員、海外領土議會議員、海外法僑領袖以及市鎮長等 44,000 名各種領袖中取得 500 個簽名的便能成為候選人，那 44,000 人可以說是法國的提名委員會。當然其中會有民選領袖，但整個提名過程中，選民其實並沒有資格去提名。人民只可以在最後選舉時，從已提名的候選人中一人一票選出總統。在俄羅斯聯邦總統選舉中，除了各政黨、選舉聯盟可以提出自己的總統候選人，選民也可以通過成立由 500 名以上選民組成的選民小組提名總統候選人。提名俄羅斯聯邦總統候選人的政黨、選舉聯盟，必須為總統候選人徵集到 200 萬名選民的簽名支持單，而且在每個聯邦主體徵集到的選民簽名支持單數不得超過 5 萬。自薦的總統候選人，要想登記為正式的總統候選人，必須為自己徵集到上述數目的選民簽名支援。[7] 從俄羅斯聯邦總統選舉提名制度可見，俄羅斯人民參與總統選舉還是有一定的空間。

（三）各具特色

在總統提名方面，美法俄三國具體制度存在明顯差異，可謂各具特色。美國總統候選人由民主黨和共和黨黨內提名產生，各產生一名。法國屬直接選舉制，總統候選人不局限於政黨，提名機制是個人推薦制，只要國會議員、大區議員、巴黎市議員、海外領土議會議員、海外法僑領袖以及市鎮長等44,000位各種領袖中取得500個簽名的便能成為候選人。在俄羅斯，總統候選人提名權屬於政黨、選舉聯盟和選民小組，進入杜馬的政黨不需要再去徵集選民簽名支持，只要獲得選票達到投票總數的5%，就可直接正式列入總統候選人名單。總的來說，美國總統候選人只要求民主黨或共和黨兩大政黨的任何一政黨支持即可，在提名階段與選民沒有直接關係。法國總統候選人的提名也與選民沒有直接關係，由國會議員等政治精英決定候選人。俄羅斯總統候選人提名可謂是政黨提名與公民提名相結合，難度較大。

三、美法俄等國行政首長選舉提名辦法啟示

以上對美法俄等國總統選舉提名辦法的探討，對香港行政長官普選應採用何種提名辦法有一定的啟示。

（一）政府首腦普選提名方法不存在普適的國際標準

提名是整個行政首長產生過程的第一環節，很重要，但有關國際公約並沒有對此加以規範。涉及選舉問題的《公民權利和政治權利國際公約》第25條規定：

凡屬公民，無分第二條所列之任何區別，不受無理限制，均應有權利及機會：

（a）直接或經由自由選擇之代表參與政事；

（b）在真正、定期之選舉中投票及被選。選舉權必須普及而平等，選舉應以無記名投票法行之，以保證選民意志之自由表現；

（c）以一般平等之條件，參加本國公務。

很清楚可以看出，國際公約中對選舉有不少的指引：必須是公民，投票以不記名方式進行，而且每個公民應享有平等和普及的選舉權。而從我們的共識，選舉以多數代表制進行，多數代表制又可分成絕對多數制和相對多數制，這些在往後的章節將再詳加闡述。然而，對於提名權、提名過程等，卻似乎找不到一個國際標準。單從上述美法俄三個國家的例子中，也已經看得出不是每個國家都以同一種提名方式選出候選人。美國總統候選人是政黨提名，法國總統候選人提名機制是個人推薦制，俄羅斯總統候選人是政黨提名與公民提名相結合。其實也正常，每個國家有其獨特的國情和政治環境，內閣制、總統制、單一制、聯邦制、兩黨制、多黨制……每一個政治體制需要不同的提名方式，才可以選出一個有效管治的行政首長以至政府。

（二）公民提名難以適合香港

自十二屆全國人大常委會第十次會議在 2014 年 8 月 31 日表決通過 "831 決定" 之後，香港不少政黨或團體紛紛發聲，希望可以爭取到公民提名。到底什麼是公民提名？公民提名是指，任何希望可以參與公職的人，只要獲得一定數量的選民支持，便可以成為候選人，甚至不需要政黨提名。他們支持純粹的公民提名，其實類似於上面所說俄羅斯的提名辦法，但相比起來更進一步地擴大選民在提名過程中的角色。為什麼突然會有如此強烈的公民提名的聲音？出發點當然是人大落閘，決定了行政長官候選人提名辦法。但歸根究底，卻是市民對政黨、香港特區政府和中央政府的不信任。市民認為中央政府只會允許合其心意的人當候選人，到時就算可以選，也可能沒有一個是真正想要的。同時認為政黨沒用，根本不能代表自己，所以政黨推舉出來的人也不是他們想要的。因此，他們便認為純粹的公民提名是保障選民權利的唯一方法。[8]

有人說公民提名是國際標準，這是不可能的。世界上有很多國家根本沒有公民提名這概念，即使在美國，總統候選人也不是由公民提名出來。葉劉淑儀女士在闡述公民提名是否國際標準時，便曾引用奧地利作例子，她指出，"不少設有公民提名，而且提名門檻較低的國家，例如只需 6,000 名選民聯署的奧地利，所選出來的總統其實缺乏實權，只是象徵意義的國家元首，議會最大黨選出總理才是掌握大權的。"[9]

公民提名有其積極意義，相比提名委員會這種機構提名而言，在候選人產生上擴大了民主。但是否就因此而應採用公民提名的方法來產生行政長官候選人卻有斟酌的餘地。公民提名雖看似代表民意，但仍有問題存在。曾任嶺南大學中文系助理教授的陳雲先生便曾提出過，其實公民提名不一定是好事。他說，公民聯署提名，在形式上（on the formal side）是民主的，但所發揮的實質效果（on the substantial side）卻是反民主的。因為當公民提名實際運行起來，所有有志參選的人都會拚命在小區中獲取簽名，在這麼一場簽名的比賽上，較有財力、較有名氣的人便較有優勢。試想，李嘉誠先生和另一個你說不出名字但很有政治理想抱負的人一同來找你簽名支持，你會簽給誰？再說，雖然行政長官不可以屬於任何一個政黨，但絕對可以來自某一政黨，然後在競選時辭去職務，實際上根本沒分別。較有財力的政黨，可以進行大規模的地區宣傳，獲得足夠聯署的入圍機率也較高。若真的實行純粹的公民提名，不配合其他規限，恐怕最後政府會被某些政黨壟斷。[10]

再者，公民提名的實際運行亦可能會造成混亂。過高的門檻，會令公民提名失去其本意，最終很多能夠代表民意的人也不一定可以入圍。但門檻過低的話，又會造成有太多候選人，可以想像得到，選舉期間，香港會陷入混亂。最後，因為過多的候選人會分薄民意，候選人即使當選也可能得不到充足的民意授權，甚至引發往後的管治危機。前學聯副秘書長楊政賢也曾說過公民提名其實很難成功。他以台灣地區作例子，指出台灣地區是實行公民聯署雙軌制，但在 2012 年 "總統" 選舉中，六個希望以公民提名的人當中只有宋楚瑜一個人成功。可見公民提名真的運行起來時，成功率遠比我們想像得低。他還提到公民提名繞過議會提名引發的危機。議會內大部分議員都有政黨背景，政黨無疑對香港的政策制定起著不可否認的作用，若一個不幸，當選的行政長官得不到某大政黨支持，政府便等同被架空，管治危機便降臨，還談何民意，談何發展？[11]

（三）香港當前也不宜搞政黨提名

政黨提名產生行政長官候選人的前提是有比較成熟的政黨政治，無論是上述的美國、法國，還是俄羅斯都具備這樣的條件，但香港政黨政治還不成熟。香港政黨產生、發展的時間還不到三十年，雖政黨數目較多，並有約十個政黨進入立法會，但政黨發展還不成熟，具體體現如下幾點：第一，政黨影響力不夠，社會認同度比較低，難以起到凝聚社會共識、進行利益整合的作用，香港的各種民意調查顯示香港的政黨在香港社會的接受程度較低就證明了這一點。第二，政黨法制化程度很低，至今沒有專門規範政黨的法律，只在《社團條例》等法規中零星存在關於政黨的法律規範，政黨與選舉等重要法律規範缺乏。第三，香港各政黨之間分化嚴重，分為建制派（親北京派）和反對派（泛民主派）兩大對立陣營，甚至有的政黨與國外勢力關係密切，挑戰中國執政黨的執政地位。香港政黨的發展狀況決定了現在還不適合以政黨提名來產生行政長官候選人，否則就可能導致"與中央對抗的人"被提名為行政長官候選人。

香港行政長官普選不適宜採用政黨提名的原因還在於香港特別行政區屬地方政府，地方政府政治色彩較弱，管理和服務色彩較強。因此，在地方管理中去政治化是許多國家的做法。地方政權的去政治化，採取限制政黨參與地方選舉的方式，比如韓國，在一般的城市議會選舉中禁止政黨參與，市議會的議員必須站在超黨派的立場處理事務，不介入黨派之爭；在美國，地方政府選舉中沒有實質性的政黨政治色彩，近四分之三的城市規定不允許政黨推薦候選人。[12]

此外，民主黨中央委員會委員林立志先生提出“公民提名”、“政黨提名”、“提名委員會”三結合的方案，提倡改變現時提名委員會的組成方式，將三種提名方式結合。方案建議按照每一次行政長官選舉前的上一屆立法會選舉中每個黨的地區得票總和來決定提名委員會人數比例，建議每1%得票可佔提名委員會12席，根據2012年的立法會選舉，便有14個政黨或組織能得到席位。然後便如現時的方案一樣，行政長官候選人需要得到提名委員會的支持才可以正式成為候選人（建議150至200人）。同時建議採用兩輪投票制，即如果第一輪投票中沒有人可以獲得50%以上的支持，最高得票率的兩位候選人便會進入第二輪投票，得票較高者當選。[13] 根據他所言，這方案可以體現廣泛代表性原則，而且亦包含了“公民提名”的元素，比起現時的選委會更具普及而平等的原則。在公民提名以外，還包含了“政黨提名”的元素，就像美國等國家一樣，黨內推舉一個可以成為行政長官的人參與選舉，更可以聯合其他理念相近的政黨一起提名，形成跨黨派的管治，解決現時立法會中常見的黨派問題影響政策推行的問題。最重要是符合香港基本法規定和全國人大常委會2007年的決議，行政長官確實由提名委員會選出。鄭宇碩先生對此解釋說，他們提出的公民提名的元素主要是確保普通市民都有一個參與的機會，這個三軌提名的機制實際上是考慮到、照顧到各方面的利益，也都充分為建制人士提供參選的渠道，他們只是希望在建制人士有充分參選機會的時候給普通市民有參與的機會。因為大家的心目中估計，這個提名委員會都是建制人士佔多數了，如果你佔多數，又要求提名機構體現集體意志，也就是建制的力量控制了提名委員會的多數，也就能控制到整張行政長官候選人的名單，我們覺得沒辦法接受，這樣市民是沒有自己意願的選擇，這個選舉是沒有競爭的。這是他們提公民提名、政黨提名的主要原因。[14]然而，雖然這方案看起來有甚多好處，但這方案可以實行的機率卻甚低，最重要是，很難得到各方的支持。首先是把提名委員會的成員組成方法徹底改頭換面，名字雖然仍然是提名委員會，但卻根本不是同一回事。提名委員會本身所提供的功能性完全消失，不能代表香港各界不同階層的意見，只是變成了不同黨派政治鬥爭的場所。再者，將行政長官候選人的提名要求降低，也違反了中央本身的期望，根本不可能實現。此外，香港的政黨發展並不算成熟，這方案很難得到市民的支持。就算站到泛民主派立場來看，也不一定會支持這方案，原因在於這方案的民主和他們心中所想的民主相距甚遠，勉強把所有元素加在一起，結果只是所有元素都不能充分表現出來。

總之，無論是作為國家行政首長，還是作為地方行政首長，其選舉的提名方式，確實沒有一個國際標準。提名的方法應依照國／區情和政治環境訂立，絕不應只複製一個政治理念，或盲目模仿另一個成功的政治體制。而香港的政治環境，不論大家願不願意，香港的確是中國管轄下的一個特別行政區，雖實行 "一國兩制"，但絕不可能無視中央政府。中央政府有其政治考慮與堅持，香港若在訂立提名機制時，與中央的核心理念背道而馳，最終也只會落得兩敗俱傷的局面。要找出最適合香港的提名機制，一定還需要時間琢磨，只願各方在懷抱理想的同時，也不忘立足在現實的政治環境。

組建提名委員會的法定原則

　　提名委員會是根據香港基本法和全國人大常委會決定設立，負責提名香港特區行政長官候選人的組織。提名委員會的前身是選舉委員會。根據香港基本法第 45 條規定，香港特別行政區行政長官在當地通過選舉或協商產生，由中央人民政府任命。行政長官的產生辦法根據香港特別行政區的實際情況和循序漸進的原則而規定，最終達至由一個有廣泛代表性的提名委員會按民主程序提名後普選產生的目標。

　　2012 年香港特別行政區行政長官選舉委員會，由 2010 年香港政治制度改革通過確定，分別代表香港社會的 38 個界別。1,200 個選委中，300 人來自工商、金融界，300 人來自專業界，300 人來自勞工、社會服務、宗教等界，其餘 300 人為立法會議員、區域性組織代表、香港地區全國人大代表以及香港地區全國政協委員的代表。各個界別分組成員，由上述界別分組投票人投票選出。各個界別的劃分，以及每個界別中何種組織可以產生選舉委員的名額，由香港特別行政區制定選舉法加以規定。選舉委員會是以個人身份投票，選舉委員會每屆任期五年。提名委員會與選舉委員會組成方法類似，至於行政長官提名委員會與行政長官選舉委員會的區別可能主要在於兩者的功能不同。行政長官提名委員會只負責提名行政長官候選人，最後負責選出行政長官的將會是全港合資格的選民；而目前的選舉委員會不僅負責提名行政長官候選人，還選舉產生行政長官人選。最終提名委員會會以怎樣的形式出現還是一個未知之數，但組建提名委員會的原則卻是早已明確的。

一、循序漸進原則

循序漸進是香港特區政制發展的重要原則，並不局限於行政長官選舉中。香港基本法第 68 條規定，立法會的產生辦法根據香港特別行政區的實際情況和循序漸進的原則而規定，最終達至全部議員由普選產生的目標。要再進一步看香港的民主進程到底是不是循序漸進，或許我們要先懂一點歷史。1998 年，第一屆立法會產生，共有 60 名議員，也是第一次開始擁有地區直選議員，人數是 20 人，另外 10 人由當時的選委會選出，其餘 30 人是功能組別議員，由該界別的選民選出。到 2000 年第二屆立法會時，地區直選議員的數量增加至 24 人，選委員僅選出 6 人，功能組別議員數量不變。而到了 2004 年第三屆立法會選舉，選委會不再負責立法會的提名工作，因為地區直選議員已增至 30 人，與另外 30 位功能組別數量一樣。直到 2012 年立法會選舉，地區直選議員增至 35 人，功能組別亦加了 5 個區議會（第二）功能界別的議席（俗稱超級區議會界別），由全港所有未被包括在功能組別內的選民選出。先不論行政長官選舉一事，香港的民主進程從來都不是一蹴而就，不是一開始就所有議席都由直選產生，而是慢慢地發展成型，慢慢地優化成理想形態，從沒有直選到有直選，由部分直選到全部直選，這才是真正的循序漸進。在循序漸進原則下，香港的政局得以穩定發展，也有足夠的時間教育市民，讓整個香港一起適應政治環境的改變。當然，亦是為了可以及時剎停不合適的政策，避免造成不可挽回的敗局。[15]

筆者認為行政長官選舉與立法會選舉的情況相似。回歸前，香港人根本不能選擇自己的行政首長，港督是由英國直接任命。回歸後，開始有選舉委員會出現。1997 年，第一屆行政長官由 400 人的選委選出，然而該 400 選委是由中央直接任命。2002 年及 2007 年，第二屆及第三屆行政長官選舉，選委人數增至 800 人，是第一屆的雙倍。到了 2012 年，第四屆行政長官選擇，選委增至 1,200 人，由 25 萬名分組界別選民選出。在 2017 年舉行了第五屆行政長官選舉，因政改方案未能通過，選舉只能按上一屆選舉辦法進行。

在行政長官選舉事項上如何體現循序漸進？行政長官選舉分為提名、普選和任命等環節，任命無法體現循序漸進，而且普選是由全港選民投票，故能夠體現循序漸進的只有在提名環節。全國人民代表大會常務委員會在 2007 年 12 月作出的《關於香港特別行政區 2012 年行政長官和立法會產生辦法及有關普選問題的決定》就未來行政長官普選時提名委員會如何構成問題明確指出，提名委員會可參照選舉委員會組成。"831 決定"規定，提名委員會的人數、構成和委員產生辦法按照第四任行政長官選舉委員會的人數、構成和委員產生辦法而規定，這鮮明體現了提名委員會的構成要堅持循序漸進的原則。此外，決定要求候選人必須在提名委員會得到一半以上提委的支持，也是循序漸進原則的體現，中央政府擔心香港政制發展過快產生失控的結果。當然，過半未必是"按民主程序"的唯一解讀，可能還有其他解讀。

任何政治改革都不可能一次到位，直達完美，必須經過漫長的時間去完善和進步。但若把第一次的改革徹底地否決，便不可能有第二次、第三次的改善。引用全國人大常委會香港基本法委員會委員、香港大學法學院陳弘毅教授的說法便是："我相信若人大決定下的方案能在 2017 年推行，那麼我們便會有一個可形容為試行普選的機會，而只要累積了一定經驗，我相信將來，或許在 2022 年，在提名委員會上應該可以有改善。"[16]時任全國人大常委會副秘書長、香港基本法委員會主任李飛先生在 2014 年 9 月曾指出："如果今次政改方案被否決，2022 年特首選舉辦法，會按香港實際情況及循序漸進原則來決定。"[17]香港政改方案 2015 年未能在立法會通過，2022 年能否實現行政長官普選也是未知數。最後想提出一點是，在全民選舉下，先不論候選人是如何被提名出來，若他們想勝出選舉成為行政長官，一定需要聽廣大市民的意見，不能再只顧及選委的意見和感受，香港的政治環境一定會有改善，可能未達到部分人心中所期望的程度，但這就是循序漸進。

二、廣泛代表原則

香港基本法第 45 條規定，行政長官的產生辦法根據香港特別行政區的實際情況和循序漸進的原則而規定，最終達至由一個有廣泛代表性的提名委員會按民主程序提名後普選產生的目標。"831決定"規定提名委員會的人數、構成和委員產生辦法按照第四任行政長官選舉委員會的人數、構成和委員產生辦法而規定。這意味行政長官普選時的提名委員會須按照目前選舉委員會組成，維持四大界別同比例組成和1,200人的規模不變。這也表明，香港基本法所規定的提名委員會"廣泛代表性"的組成原則與選舉委員會的組成原則具有一致性，提名委員會組成的廣泛代表性原則，具備合理的歷史延續性和必要的現實可接受性。

目前的提名委員會到底能否符合廣泛代表原則？根據北京大學法學院陳端洪教授解釋，基本法第45條中的廣泛代表性包括四大特性：功能性、包容性、均衡性和代表性，若我們撇開這些來研究廣泛代表性，便是法外求法，難成正果。[18] 先從功能性來分析。功能性可視作發揮社會上不同的人士和職業的功能，而非單單從人數決定一切，不然，社會上佔少數的人便會被忽略，沒有發聲的機會。現時提名委員會是以功能代表制組成，社會上不同階層和職業也以四大界別的形式包含在提名委員會中，體現其功能性。功能代表制的好處是讓一個社會以其各式各樣的社會功能來組成，而不是簡單地以人數作標準。行政長官辦公室也曾就此作出相關聲明："在這個憲制及法律框架下，'廣泛代表性'不單只是數字的問題，而是要儘量兼顧不同界別的需要和優次。以現時一千二百人組成的選舉委員會來說，有關的選舉委員會已包含多個不同界別分組，例如飲食界、金融界、進出口界、航運交通界、法律界、醫學界、教育界、社會福利界、漁農界、體育及演藝界、宗教團體和政界代表。儘管上述有些界別規模相當小，但行政長官在昨日的簡介會亦提及這些界別的重要性。"[19] 關於包容性，陳端洪教授指出，廣泛代表性的"廣泛"二字指的是民主理論上的包容性原則，包容性是民主正當性的基礎。一個具包容性的提名委員會，需要儘量容納社會上所有的社會功能。[20] 回看我們現時的選委會組成辦法，1,200 人，每個界別 300 人，當中又包括了 38 個組別，其實已經包含了社會上絕大多數的社會功能，不論是香港一直以來重視的工商金融，還是尚在發展中的體育藝術，都有包括其中，有一定的包容性。關於均衡性，均衡參與是香港政制發展必須堅持的重要原則，選舉制度的設計應兼顧香港社會各階層利益。均衡參與既不是某個階層在政制中處於獨大的地位，也不是各階層平均地參與到政制發展中去。代表性也許是很多人爭論的著眼點。到底 1,200 人的提名委員會能不能代表全香港 700 多萬人？若從社會功能而言，的確可以包含社會上大多的社會功能。我們亦要看提名委員會中的人到底能否代表該界別。提名委員會的 1,200 人是由其所屬界別的選民選出選民的基數合共是 24 萬人，當選的大多是行內有名的成功人士，具一定的代表性。

湯家驊先生指出，由 1,200 名委員組成的選舉委員會當中，只有 40 位是由香港市民選出來的，其餘的委員是由 20 多萬的商界和專業人士選出來的，代表性明顯不足。[21] 回應對行政長官提名委員會廣泛代表性的質疑，宋小莊先生指出，廣泛代表性非單靠擴大選民基礎，由選舉委員會組成的提名委員會，其選民基礎並不是 20 多萬，而是 350 萬選民。以人口來表述，其代表的人口，則遠超 350 萬選民，幾乎全香港 700 多萬人口都可以在該委員會中找到各自不同的代表，具有廣泛代表性毋庸置疑。[22] 當然，目前行政長官提名委員會的代表性也存在不足。廣泛代表性非單靠擴大選民基礎，無疑是正確的，廣泛代表性強調的是儘可能包含各種社會、經濟成分，儘可能包含各行業、各專業、各界別、各階層、各方面的選民。[23] 問題是按照目前的選舉委員會組建辦法來籌組提名委員會是否能儘可能包含各行業、各專業、各界別、各階層、各方面選民的代表。考察目前選舉委員會的界別構成，從性別角度審視缺乏婦女界別、從年齡角度審視缺乏青年界別、從職業角度審視缺乏初中等教育界別、從信仰角度審視缺乏印度教、錫克教和猶太教界別。此外，在第一界別中基本上是大企業，尚缺乏中小企業界別。當然，提名委員會不可能包括香港社會所有行業、所有專業、所有界別、所有階層等各個方面各個層次的選民的代表，但缺乏婦女、青年、中小企業等重要界別和重要群體的代表顯然是欠妥的，有必要及時加以調整。

三、均衡參與原則

基本法第 45 條沒有直接規定均衡參與，該原則應是從基本法附件一關於行政長官選舉委員會的人員構成狀況提煉而來。目前 1,200 人的行政長官選舉委員會由四大界別組成，大部分政改意見認同四大界別是社會縮影，提名委員會依規定參照現行的選委會四大界別組成，確保均衡參與，不但保障資本主義發展，且有利政府長遠管治和社會穩定。

均衡參與原則其實與廣泛代表原則類似，但其重點不一樣。均衡參與原則中，考慮的是數量結構問題，而非單單的功能和數量多少。[24] 到底每一個組別應該有多少個代表？到底哪一個組別需要有多一點的代表？同時還需考慮到組別人數和社會功能之間的差異 —— 對社會發展重要的社會功能不一定佔社會上最大的人數比例。如何找出當中的平衡，將會是提名委員會如何合理公義地組成的一大關鍵。

選舉委員會的構成體現了均衡參與原則。均衡參與，體現了多元主義民主，符合香港是一個多元社會政治發展的現實需要。均衡參與是行政長官選舉委員會的組建原則，也會成為未來行政長官提名委員會的組建原則，"831 決定" 強調制定行政長官普選辦法，必須兼顧社會各階層的利益，體現了均衡參與。其實，全國人大常委會在 2007 年作出關於香港政制發展的決定就指出，"有關香港特別行政區行政長官和立法會產生辦法的任何改變，都應遵循與香港社會、經濟、政治的發展相協調，有利於社會各階層、各界別、各方面的均衡參與"。具有基本法解釋權的全國人大常委會在 2004 年 4 月 26 日《全國人大常委會關於香港特別行政區 2007 年行政長官和 2008 年立法會產生辦法有關問題的決定》也指出，"香港特別行政區行政長官和立法會產生辦法的任何改變，都應遵循與香港社會、經濟、政治的發展相協調，有利於社會各階層、各界別、各方面的均衡參與，有利於行政主導體制的有效運行，有利於保持香港的長期繁榮穩定等原則。" 正如時任香港基本法起草委員會主任姬鵬飛於 1990 年 3 月 28 日在《關於香港基本法（草案）及其有關文件的說明》中所說，"香港特區的政治體制……必須兼顧社會各階層的利益。"

香港各方都認同均衡參與是包括行政長官選舉在內的香港政制發展必須堅持的基本原則。什麼是均衡參與原則？有學者認為，所謂"均衡參與"就是讓社會各不同界別和階層廣泛參與，兼顧到不同界別和階層的利益，給不同界別和階層有機會參與香港特區之政事。[25] "通常講均衡參與，主要是指如何保持工商界在香港政治體制中必要而適當的參與。"[26] 為什麼要保持工商界在香港政治體制中必要而適當的參與？因為"作為資本主義的香港，工商界對於經濟發展的影響舉足輕重，但他們人數較少，必須有相應體制保障工商界有適當的政治參與"[27]。行政長官選舉委員會就是實現均衡參與的重要途徑，工商、金融界在目前的四大界別中單獨佔一界別。其實在第四大界別（即政界）中，全國人大代表、全國政協委員等大多也是工商界人士，約佔一半以上。這樣兩者合在一起，工商界人士佔提名委員會人數比例約是四成。這可能不是"適當的參與"，而是"充分參與"。為什麼對香港工商界如此厚愛？有學者指出，提名委員會就是令工商界或最代表資本主義的少數精英在提名時發揮作用，由精英組成的提名委員會有助平衡大眾政治，否則資本主義肯定會改變。[28]

筆者對均衡參與原則及有關制度安排有幾點看法：第一，均衡參與當然不是平均參與，即不是每個階層、界別和群體選出同樣數量的代表參與政制。有學者指出，均衡參與原則與平等選舉的原則相互矛盾，在功能界別的選舉中尤為明顯。前者視每一個利益界別不論大小都有均等價值或影響力，因此每個界別都應有相同數目的代表；而後者視所有選民都是平等的，因此界別的大小不應削弱選民的投票權。此兩項原則在同一個選舉制度中是不相容的，因為每一個利益團體的大小不可能相同。[29] 但均衡參與也不宜允許某個階層在政制中佔有過大的比重，否則就會造成"有些利益過度代表，有些利益代表不足"[30] 的矛盾。第二，均衡參與應在堅持各群體平等的同時，對弱勢群體給予照顧。如果政制的安排不僅不能讓弱勢群體感到公平，而是對某些強勢群體特殊關愛，那麼其正當性必然受到質疑。已有香港學者指出，長期以來，女性、青年、退休長者、少數族裔、宗教少數人士及弱勢社群只得很小甚至沒有任何機會參與行政長官選舉委員會的制度安排。[31] 羅伯特·達爾曾警告，任何階層或個體如果被排除在選舉政治之外，他們的利益就會有忽視或損害的危險。[32] 香港社會發展出現畸形，基尼係數一直居高不下，貧富分化現象極為嚴重。香港社會底層及其後代向上流動空間收窄，特別需要通過稅收、社保等手段保障社會底層生活素質並拓展其向上流動的空間。近年來香港選舉政治呈現勞工等草根階層政治參與積極性很高的現象，這很大程度上因為他們認識到只有通過政治參與、促成有利於自身的法律出台，才能改變經濟上的窘況。第三，有學者指出，作為提名委員會基礎的功能代表制體現了政治上的均衡參與，體現了"港人治港"與"商人治港"的實質性平衡，有利於保護香港工商業階層利益。[33] 均衡參與的正當性就是要保障香港工商資產階層在政治體制中必要和適當的參與，以此維護香港資本主義的不變，讓資本家不用擔心香港會搞社會主義。均衡參與不能對某階層的利益作出過度關愛，尤其該階層已是社會強勢群體的情況下，否則無法通過具有更高價值位階的公平正義的檢視。"事實上，假如要刻意賦予資本家政治特權，給予他們在決策過程中一個正式的參與和表決權，往往會帶來各種各樣的問題，最終得不償失。"[34] 香港是要保持資本主義長期不變，但香港資本主義發展的路向是現代資本主義，而現代資本主義不論是經濟上還是政治上都不是資產階級一統天下，而是實現經濟和政治的多元化和社會化，具有較濃厚的社會主義成分。香港的社會生產力已經極其發達，絕不亞於歐美發達國家，"具有較高生產力水平的資本主義距離社會主義更近"[35]，但因某些因素影響使香港生產關係未能與生產力協調發展，致使香港在由傳統資本主義向現代資本主義的過渡中受阻，傳統資本主義社會存在的某些不良現象不僅仍然存在，而且還很嚴重。如果生產關係不能隨生產力與時俱進，就會妨礙香港資本主義的進一步發展，也無法擺脫傳統資本主義的階級矛盾尖銳、貧富極大懸殊等弊病。

組建提名委員會的可行措施

　　香港基本法第 45 條規定，香港特別行政區行政長官在當地通過選舉或協商產生，由中央人民政府任命。行政長官的產生辦法根據香港特別行政區的實際情況和循序漸進的原則而規定，最終達至由一個有廣泛代表性的提名委員會按民主程序提名後普選產生的目標。既然香港基本法對此作了規定，就得照章辦事。"831 決定"規定行政長官普選必須組成一個有廣泛代表性的提名委員會，提名委員會的人數、構成和委員產生辦法按照第四任行政長官選舉委員會的人數、構成和委員產生辦法而規定。有些人士提出"公民提名"、"政黨提名"或"政黨提名"與"提名委員會"提名相結合等不符合香港基本法的方案，這有些不符合實際。因對"831 決定"不滿，香港有些人士發起了"佔領中環"運動，但並沒有迫使有關方面改變決定，還對香港的法治產生了負面影響。即使"831 決定"將來維持不變，也可以通過完善提名委員會的界別設置和擴大提名委員會的選民基礎來增加提名委員會及提名過程的民主成分。

一、完善提名委員會的界別設置

香港行政長官候選人由提名委員會產生，這在香港獲得較高的認同，就是泛民主派也並非全部對此反對，如真普選聯盟就認同由提名委員會產生行政長官候選人，只不過其主張爭取設立一個由香港選民以一人一票選出、具有廣泛代表性的提名委員會。[36] 香港特區政府在 2015 年年初開始的第二輪政改諮詢提出了四大議題，[37] 是否調整行政長官提名委員會的構成及產生辦法是其中之一。關於提名委員會的構成問題，在政改諮詢中，有些港人主張在目前的四大界別之外增設第五界別。時任香港基本法委員會副主任梁愛詩也曾表示："若提委會由 1,200 人（選委會組成人數）擴大至 1,200 萬人就不適當，但提委會可由'四大界別'擴展至'五大界別'，只是需重新檢視應增加哪個界別及人數。"[38] 而實際上，"831 決定"規定，香港特別行政區行政長官選舉實行由普選產生的辦法時，須組成一個有廣泛代表性的提名委員會，提名委員會的人數、構成和委員產生辦法按照第四任行政長官選舉委員會的人數、構成和委員產生辦法而規定，這決定了未來提名委員會只能依照目前的四大界別設計。在堅持四大界別不變前提下，提名委員會如何構成、委員如何產生？時任全國人大常委會副秘書長、香港基本法委員會主任李飛先生就此指出："由四個界別同等比例組成，各界別的劃分，以及每個界別中何種組織可以產生委員的名額，由香港特別行政區制定選舉法加以規定。"[39]

李飛先生的以上觀點是參照了香港基本法的有關規定。香港基本法附件一規定：行政長官選舉委員會中各個界別的劃分，以及每個界別中何種組織可以產生選舉委員的名額，由香港特別行政區根據民主、開放的原則制定選舉法加以規定。各界別法定團體根據選舉法規定的分配名額和選舉辦法自行選出選舉委員會委員。

選舉委員會在香港有近二十年的歷史，是根據香港基本法附件一所設立的，其前身是香港特區第一屆政府推選委員會。中方因對彭定康政改不滿，在 1996 年決定“另起爐灶”，全國人民代表大會香港特別行政區籌備委員會第六次全體會議籌組由四大界別、400 名委員所組成的香港特區第一屆政府推選委員會。推選委員會全部由香港永久性居民組成，具有廣泛代表性，成員包括全國人民代表大會香港地區代表、香港地區全國政協委員的代表、香港特別行政區成立前曾在香港行政、立法、諮詢機構任職並有實際經驗的人士和各階層、界別中具有代表性的人士。該推選委員會負責選出香港特別行政區第一屆行政長官及臨時立法會。第二任行政長官選舉的選舉委員會委員數目增加為 800 名，四大界別不變，每界別人數各增一倍。“選舉委員會和推選委員會的成員組別十分相近，很大程度跟隨功能組別的分界。”[40] 行政長官選舉委員會由 38 個功能界別構成，而立法會有一半議員由 30 個功能界別選舉產生，兩組功能界別大多是重合的，如 2012 年行政長官選舉中，立法會有 28 個功能組別成為選舉委員會的界別分組。得益於 2010 年政改成功，第四任行政長官選舉委員會增加到 1,200 名委員，分別代表香港社會的 38 個界別。各個界別分組成員，由上述界別分組投票人投票選出。香港特區政府曾就提名委員會構成等問題進行諮詢，在提名委員 1,200 人已定、提名委員會由四大界別構成不變的前提下，各大界別內部組別是否增加、有些組別委員人數是否調整等都是需要探討的問題。

其一，在第一界別中增設中小企業界。香港約有 31 萬間中小企業，佔香港企業總數的 98%，聘用約 127 萬員工，吸納大量就業人口。如此重要的社會力量應在選舉委員會中有自己的獨立安排。隨著香港房地產價格、舖面租金、人工費的上漲，香港中小企業，特別是小企業近年來處境不佳。新民黨建議未來新設的中小企業界的選民，應涵蓋目前在 38 個界別分組以外的商會董事或理事。[41] 香港婦聯雖然與中小企業無直接利益關聯，但也主張增設中小企業界別。[42]

其二，在第三屆別增設 "慈善界"。香港的社會管理和社會服務都不是政府獨攬的，已形成多主體多元參與的局面，慈善機構等非政府組織在香港社會生活中充當了極為重要的角色，將近有 90% 的社會福利服務是由慈善機構等非政府機構承包的。[43] 香港社會服務聯會現時有超過 420 個機構會員，3,000 多個服務單位。香港的慈善機構提供多層次、多形式的社會服務，幫助社會中下階層，是維持社會安定繁榮的強大力量。因此，可在第三界別增設 "慈善界" 分組。同時，為避免重疊，已經進入宗教界的慈善機構不再安排入新的慈善界別。

其三，在第三界別中增設青年界別。香港 "佔中" 運動凸顯青年就業、發展等方面存在的問題，重視青年群體的利益訴求是必然，可考慮在行政長官提名委員會的第三屆別中設置青年界別。香港已有政黨認識到青年群體面臨的嚴峻問題，關注青年群體的政治參與。新民黨主席葉劉淑儀認為行政長官提名委員會應加入青年界別，如學聯，因為學聯歷史悠久、獲得各界認可，而且票選產生，認受性高。該黨原副主席田北辰認為，年輕人因為在提名委員會沒有聲音，才會參與"佔中"行動表達訴求，故政府應考慮增加青年界別。[44]

其四，在第三届别增設婦女組別。選舉委員會中一直有女委員，但沒有婦女界別設置。香港婦女會對此反應強烈，認為婦女團體的意見往往代表廣泛的市民心聲，而由於部分婦女因照顧家庭而未能於婚後繼續工作，無法晉身上述首四個組別，這樣實是不公平的。[45]當然主張在行政長官選舉委員會中設置婦女組別的不僅是香港的婦女會，香港中華出進口商會在十年前就主張在行政長官選舉委員會的第三界別之中設置婦女界別。[46]香港婦女人數超過人口一半，但女性的勞動人口參與率仍然較男性為低。根據政府統計處資料，2013年香港非從事經濟活動人口有大概245萬，其中女性料理家務者佔64萬。由於部分婦女要擔起照顧家人的責任，未能於社會工作，因而無法晉身任何界別分組，以致她們的意見未能被反映。而以2012年的選委會為例，女性與男性委員比例是1：6。[47]此外，從提名委員會具有廣泛代表性的特徵來說，設置婦女組別也是應當的。

其五，目前宗教界的60名委員全部分配給天主教香港教區、中華回教博愛社、香港基督教協進會、香港道教聯合會、孔教學院、香港佛教聯合會。很多港人信奉印度教、錫克教或猶太教，但這些宗教沒有在名單內出現。故此，宗教界應適當吸納印度教、錫克教和猶太教人士。

此外，第三界別中的漁農界擁有選舉委員數量與其從業人員及生產總值很不協調，應減少委員數量。目前漁農界有60名選委，佔選委人數5%，但該行業只佔全港生產總值少於

1.4%，而從業員只佔勞動人員的 0.1%，因此可以考慮調整。[48]
減少漁農界委員數量聲音很強烈，幾乎成為香港社會的共識。
漁農界對此當然是極力反駁："若以本地生產總值去決定提委
會議席的多寡，宗教界的生產總值是零；社福界更是負生產總
值，那又是否需要削減？"[49] 也有非漁農界人士為漁農界說話，
指出 "儘管漁農界佔本港生產總值相對地少，但其社會功能及
重要性卻是無可替代"[50]。

二、擴大提名委員會的選民基礎

　　由香港工商、專業、基層勞工宗教、政界四大界別產生的
具有廣泛代表性的選舉行政長官的選舉委員會，是香港保證各
個階層、各個界別、各個方面均衡參與的重要途徑。在 "831 決
定" 框架下，行政長官普選的提名委員會也將由此四大功能界
別構成。香港的功能界別其實屬職業代表制，在國外已有較長
時間的實踐，目前的愛爾蘭、斯洛維尼亞上議院仍採用此方法
產生議員。香港的功能界別選舉源於港英政府在 1984 年 7 月
18 日發表的《代議政制綠皮書》，自 1985 年香港立法局以此選
舉方式選出部分議員以來一直存在。"功能組別的歷史發展不是
由任何明確且連貫的理論所指引的結果。它們完全是歷史和政
治需要的產物。"[51] 功能界別選舉的存在有重要意義，能較好
表達利益的聚合。此外，與功能界別選舉相聯繫的立法會分組
計票制度，[52] 對保持行政主導體制有決定性作用。不同界別的
合資格選民基數有較大差距，故引致香港社會對界別選舉的批
評，認為有違選舉公平原則。香港社會主流意見認為必須擴大

提名委員會的選民基數。但也有個別人士堅持認為："廣泛代表性的廣泛兩個字，既指界別的廣泛，也指代表人口的廣泛，但不僅是選民的廣泛。因此，要求擴大提名委員會的選民基礎有違香港《基本法》的。"[53] 筆者認為，香港基本法沒有明確規定是否擴大提名委員會的選民基數，只是通過附件一的有關規定[54] 授權香港立法會對此進行立法。通常認為普選有兩方面的基本要求，一方面是"普及"（universal）；另一方面是"平等"（equal）。這兩方面是密切聯繫的，普及也是平等應有之義，即公民選舉權普及是選舉權平等的重要體現，可以說，普選的根本要求就是平等。故此，擴大行政長官提名委員會選民基數，把更多主體納入選舉程序，不僅沒有違反香港基本法，反而是符合香港基本法第 45 條達至"普選"的精神。擴大功能界別的選民基數，需要對下列幾個問題進行探討。

第一，探明造成目前各界別選民基數有較大差距的原因。功能界別選民基礎懸殊很大，經常被拿來對比的是漁農界只有 158 個登記選民數目、卻在選委會擁有 60 個委員數目，而社會服務界登記選民數目是 14,445 個，擁有選舉委員會委員數也是 60 個。我們也應認識到選委會各界別分組的投票人登記資格各不相同，可分為個人票、團體票，或混合票（即同時設有個人及團體票），而第三界別內的登記制度更是多元化，漁農界的選民全是團體選民，社會福利界的選民登記制度是混合票。

提名委員會各界別分組的投票人登記資格，無論是採取個人票、團體票，還是混合票，提名委員在各界別之間的分配都應體現公平正義。但絕對的公正是不存在的，我們只能達至相對公正，而這種相對公正也是由多種因素綜合作用的。分配提名委員數量考慮的主要因素是該界別的從業人口。香港長期以來有種聲音主張政治代表權應基於該群體對香港本地經濟社會發展貢獻，對此有批評指出，"社會貢獻"、"納稅款額" 等就如 "智商"、"學歷" 等，都不是現代文明社會用以分配政治權利的準則。現代文明社會認為每個生命同樣寶貴，所以每個人的福祉都應受到平等關注。[55]

第二，明確團體（公司）票是否轉化為個人票。選民基礎小的界別基本上是團體（公司）選民，內部競爭缺乏，民主程度較低，甚至存在自動當選現象，如第一界別的商界（第二）、僱主聯合會、金融服務界、香港中國企業協會、進出口界等界別的選舉委員會委員全部自動當選。在 2016 年 12 月進行的行政長官選舉委員會選舉中，461 名委員屬自動產生，[56] 其中去掉 36 名全國人大代表、67 名立法會議員（立法會議員總數為 70 名，但有 3 名為全國人大代表），自動當選的人員多達 358 名。有眾多意見認為應把團體（公司）票轉化為個人票，順著團體（公司）票是否轉化為個人票的思路，新民黨的政制發展研究小組提出，可考慮把十個組別的團體（公司）票轉董事票，包括飲食、金融、酒店、進出口、保險、地產及建造、紡織及製衣、旅遊、航運交通和批發及零售界。[57] 梁振英也表示，為了提高提名委員會的民主成分，政府可以考慮以個人票取代公司或團體票。[58] 泛民主派對此不認可，認為這只是小修小補，不肯接受。[59] 就是建制派內部也有不同的意見。民建聯行政會議成員葉國謙先生表示，公司或團體票在部分界別有存在的理由，要改變亦要先看團體的意願，先得到各界別支持，同時也未必可以 "一刀切" 施行。[60] 建制派還有觀點認為，"如把其中的團體票擴大為董事票或理事票，或進一步擴大為個人票或職員票，則功能界別選舉將名存實亡。"[61]

團體（公司）票轉為個人票的建議，將賦予提名委員會委員更多的民意授權，有人覺得這理所應當。"當特首由普選產生，政府就沒有理由不給予提名委員會更大的民意授權。"[62]鑒於採用團體（公司）票民主程度較低的現實，變團體（公司）票為個人票是必然趨勢，而且仍然會保持職業（行業）代表制的特性。但在具體步驟上，可能難以一步到位。此外，個人票應是全體從業者票，還是僅為董事票、高級經理人票，或以上諸種方式並存？此問題有待進一步研究。

第三，處理好提高民主性與保持功能性的關係。功能界別產生的提委應具有本界別的代表性，這是未來功能界別選舉改革必須堅持的原則。變團體（公司）票為個人票是必然趨勢，但應考慮候選人在本界別中必須具有代表性。就對工業界別改革而言，如果把選民基礎擴大到商會會員，可以確保所有選民所反映的是本屆別的利益，但爭議較大之處是選民基礎較小，[63]而且投票人是法人，也難符合普選的要求。如果把選民基礎擴大到工業界的所有員工，好處是選民基礎得到擴大，但因員工的數量大大超過老闆，由此選舉的議員通常只會是工會領袖，難以代表和體現商會業界的利益，也就失去功能界別的原意。[64]在擴闊選民基礎時，必須考慮如何釐定選民資格。就如金融業，不可能全部在此行業工作的人都有資格，譬如並沒有理由連銀行收銀員都能代表該界別，選民必須具有業內的專業知識。[65]其實，界別選民可為該界別的全體從業人員，但必須保證候選人在本界別中具有代表性。故此，可由該界別的會員單位法定代表人組建提名委員會提名產生候選人，以保證候選人具有本界別的代表性。

此外，香港社會有強烈的聲音主張擴大第四界別中區議會成員以提高行政長官提名委員會選民基數，而且泛民主派和建制派在此問題上有共識。泛民人士提出的 2020 方案，主張提名委員會參照選舉委員會人數增加至 1,400 名，第一二三界別各 300 名不變，第四界別中的區議會產生 317 名，增加 200 名。[66] 宋小莊先生曾建議在提名委員會中加入所有區議員，這樣政界就多了 300 人，這些人當中原本有些屬其他組別，不單擴大代表性，民意基礎亦更扎實。[67] 提名委員會內吸收更多的區議會成員，可以擴大提名委員會的選民基礎，增強其認受性，這應是必然趨勢，但在"831 決定"已確定提名委員會人數的情況下難以實現，除非將來全國人大常委會以新的決定代替"831 決定"。

總之，既然香港基本法第 45 條已規定普選行政長官時須由一個有廣泛代表性的提名委員會按民主程序提名候選人，在有關內容沒有修改之前，香港行政長官普選就得遵照此規定。因為憲法對於某些事項的明文規定是對立法者的形成自由的排除，[68] 所以不能基於香港基本法沒有排除行政長官普選候選人由公民提名、政黨提名等提名方式產生，就可以搞公民提名或政黨提名。"公民提名"等主張都因不符合香港基本法的規定，不會得以實施，即使這些提名方案的民主程度高於香港基本法規定的提名辦法。"831 決定"明確提名委員會的人數、構成和委員產生辦法按照第四任行政長官選舉委員會的人數、構成和委員產生辦法，這為下一次行政長官普選方案的制定提供了可參考的基礎。在香港基本法的有關規定和全國人大常委會有關決定的框架內，目前可探討的是各大界別內部，分組界別是否要增加或減少、每個分組界別擁有委員人數是否要增加或減少，以及是否擴大各界別選民基數等問題。而探討這些問題之前，需要明確提名委員會的組建原則，以此指導採取何種改革措施。

1. 公民提名,即有志參選公職者只要獲一定數量登記選民提名,證明民意基礎,即獲得候選人資格。在台灣稱為"公民連署"。香港有些人士提議採用公民提名辦法產生行政長官候選人,這裏"公民提名"中的"公民"並非國籍法意義上的"公民",而是指合資格的香港特別行政區選民。

2. 一般認為,政黨提名即政黨提名國家公職候選人,這些候選人包括各級議員(或代表)、行政長官以及需選任的行政司法機關公職人員。參見劉紅凜:〈政黨提名制分類與比較〉,《當代世界與社會主義》2010 年第 5 期,第 131 頁。

3. 按照香港基本法第 45 條的規定,在行政長官實行普選產生的辦法時,須組成一個有廣泛代表性的提名委員會按民主程序提名行政長官候選人。

4. 民主黨的林立志先生提出"公民提名"、"政黨提名"與提名委員會三結合的方案,提倡改變現時提名委員會的組成方式,將三種提名方式結合。

5. 〈美國總統選舉的流程〉,中國網,http://www.china.com.cn/international/zhuanti/presidentialelection/2012-10/24/content_26890950.htm(最後訪問日期:2018 年 9 月 7 日)。

6. 白先愚:〈民主轉型期的俄羅斯選舉和選舉制度〉,《當代世界與社會主義》2005 年第 2 期,第 24 頁。

7. 劉向文:〈俄羅斯聯邦選舉制度〉,《新疆人大》2004 年第 7 期,第 36 頁。

8. 〈為什麼那麼多人支持公民提名?〉,《蘋果日報》2014 年 1 月 14 日。

9. 葉劉淑儀:〈公民提名非國際標準〉,《明報》2014 年 7 月 15 日。

10. 陳雲:〈公民聯署提名 妨礙有效管治〉,雅虎香港新聞網,https://hk.news.yahoo.com/blogs/sandwich/%E5%85%AC%E6%B0%91%E8%81%AF%E7%B D%B2%E6%8F%90%E5%90%8D-%E5%A6%A8%E7%A4%99%E6%9C%89 %E6%95%88%E7%AE%A1%E6%B2%BB-231306631.html(最後訪問日期:2018 年 9 月 7 日)。

11. 楊政賢:〈正視公民提名的隱憂〉,《明報》2013 年 10 月 6 日。

12. 杜鋼建:《政府職能轉變攻堅》,北京:中國水利水電出版社 2005 年版,第173 頁。

13. 林立志:〈"公民提名"、"政黨提名"、"提名委員會"三結合〉,《明報》2013 年 10 月 29 日。

14. 〈行政長官普選的提名方式〉,《大公報》2014 年 5 月 22 日。

15. 香港廣田村屋屋聯會：〈體現 "循序漸進" 原則的一個可接受方案〉，政制及內地事務局專題數據 GPA071，2005 年 11 月 17 日。

16. 〈陳文敏：提委會組成可增民主化〉，《文匯報》2014 年 11 月 13 日。

17. 〈李飛：如政改被否決將按循序漸進原則處理〉，香港電台 2014 年 9 月 1 日。

18. 〈學者：提委會的廣泛代表性四大特性〉，香港中國通訊社，http://www.hkcna.hk/content/2014/0609/269245.shtml www.hkcna.hk（最後訪問日期：2018 年 9 月 7 日）。

19. 〈香港特首辦：有關提名委員會的討論需回歸基本法〉，中國新聞網，http://www.chinanews.com/ga/2014/10-21/6702500.shtml（最後訪問日期：2018 年 9 月 7 日）。

20. 〈學者：提委會的廣泛代表性四大特性〉，香港中國通訊社，http://www.hkcna.hk/content/2014/0609/269245.shtml www.hkcna.hk（最後訪問日期：2018 年 9 月 7 日）。

21. 〈行政長官普選的提名方式〉，《大公報》2014 年 5 月 22 日。

22. 宋小莊：〈提委會擁 350 萬選民基礎〉，《大公報》2013 年 12 月 3 日。

23. 同上。

24. 〈學者：提委會的廣泛代表性四大特性〉，香港中國通訊社，http://www.hkcna.hk/content/2014/0609/269245.shtml www.hkcna.hk（最後訪問日期：2018 年 9 月 7 日）。

25. 宋小莊：〈對 "均衡參與" 可以不再爭論〉，《文匯報》2010 年 6 月 11 日。

26. 李曉惠：〈論香港特別行政區普選的基本原則及其實踐意義〉，《政治學研究》2014 年第 6 期，第 57 頁。

27. 同上。

28. 〈王振民：普選結合精英政治　維護香港傳統優勢〉，《文匯報》2014 年 1 月 19 日。

29. Simon N. M. Young, Richard Cullen, *Electing Hong Kong's Chief Executive* (Hong Kong University Press, 2010), p98.

30. 【英】約翰·麥克里蘭著，彭淮棟譯：《西方政治思想史》，海口：海南出版社 2003 年版，第 796 頁。

31. 楊艾文、高禮文：《選舉香港行政長官》，香港：香港大學出版社 2011 年版，第 72 頁。

32. 【美】羅伯特·達爾著，李伯光、林猛譯：《論民主》，北京：商務印書館 1999 年版，第 60 頁。

33. 田飛龍：《香港政改觀察 —— 從民主與法治的視角》，香港：商務印書館（香港）有限公司 2015 年版，第 97 頁。

34. 葉健民：〈保持資本主義不變，必須賦予資本家特權？〉，載馬嶽：《民主十問》，香港：香港城市大學出版社 2016 年版，第 132 頁。

35. 朱解放：〈科學認識現代資本主義與實踐社會主義的替代關係〉，《特區經濟》2014 年 6 月，第 62 頁。

36. 〈新民黨訪中聯辦晤張曉明〉，《成報》2013 年 5 月 9 日。

37. 四大問題是提名委員會的構成及產生辦法、提名委員會提名行政長官候選人的程序、行政長官普選的投票安排和提名委員會任期、政黨背景等行政長官普選的其他相關問題。

38. 〈梁愛詩：提委會組成需重新檢視〉，《成報》2014 年 1 月 19 日。

39. 李飛：〈關於《全國人民代表大會常務委員會關於香港特別行政區行政長官普選問題和 2016 年立法會產生辦法的決定（草案）》的說明〉，人民網，http://cpc.people.com.cn/BIG5/n/2014/0901/c64387-25575411.html（最後訪問日期：2018 年 9 月 7 日）。

40. 楊艾文、高禮文：《選舉香港行政長官》，香港：香港大學出版社 2011 年版，第 29 頁。

41. 〈新民黨倡提委會增五組別〉，香港大公網，http://news.takungpao.com.hk/paper/q/2014/0501/2451418.html（最後訪問日期：2018 年 9 月 7 日）。

42. 〈香港各界婦女聯合協進會對《政制發展專責小組第四號報告》的意見〉，香港各界婦女聯合協進會網站，http://mail.hkfw.org/chi/commentc8.php（最後訪問日期：2018 年 9 月 7 日）。

43. 陳早挺：〈繁榮與創意 —— 發展中的香港慈善事業〉，《社會福利》2009 年第 11 期，第 40 頁。

44. 〈新民黨促提委會加入青年界別〉，《成報》2014 年 11 月 6 日。

45. 〈香港各界婦女聯合協進會對《政制發展專責小組第四號報告》的意見〉，香港各界婦女聯合協進會網站，http://mail.hkfw.org/chi/commentc8.php（最後訪問日期：2018 年 9 月 7 日）。

46. 〈香港中華出進口商會對 2007 年行政長官的產生辦法（包括選舉委員會的組成和運作）及 2008 年立法會的產生辦法的意見（修訂版）〉，立法會

CB(2)870/04-05(03) 號文件，第 1 頁。

47. 王政芝：〈擴大選民基礎 促進婦女參與〉，《成報》2015 年 2 月 12 日。

48. 〈《2017 年行政長官普選的民主程序》議案發言〉，田北辰個人官方網站，http://liberal.org.hk/index.php?option=com_content&view=article&id=764&mid=41&lang=en（最後訪問日期：2018 年 9 月 7 日）。

49. 〈漁農界保議席拚死一戰〉，《成報》2014 年 9 月 12 日。

50. 譚耀宗：〈漁農界別委員不宜減〉，《香港商報》2014 年 9 月 18 日。

51. Christine Loh, Civic Exchange (eds.), *Functional Constituencies: A Unique Feature of the Hong Kong Legislative Council* (Hong Kong University Press, 2006), p74.

52. 根據香港基本法附件二 "香港特別行政區立法會的產生辦法和表決程序" 第 2 條的規定，政府提出的法案，如獲得出席會議的全體議員的過半數票，即為通過。立法會議員個人提出的議案、法案和對政府法案的修正案均須分別經功能團體選舉產生的議員和分區直接選舉、選舉委員會選舉產生的議員兩部分出席會議議員各過半數通過。

53. 宋小莊：〈提委會擁 350 萬選民基礎〉，《大公報》2013 年 12 月 3 日。

54. 行政長官選舉委員會中各個界別的劃分，以及每個界別中何種組織可以產生選舉委員的名額，由香港特別行政區根據民主、開放的原則制定選舉法加以規定。

55. 郭儀芬：〈香港應該保留功能界別選舉嗎？〉，載馬嶽編著：《民主十問》，香港：香港城市大學出版社 2016 年版，第 148 頁。

56. Luis Liu, "Turnout Hits Historical High in EC Vote", (2016) *Chinese Daily*.

57. 〈七大議題有商有量 實現普選有根有據〉，《大公報》2014 年 5 月 5 日。

58. 〈梁振英提個人票建議 泛民建制意見不一〉，中國評論新聞網，http://hk.crntt.com/crn-webapp/touch/detail.jsp?coluid=7&kindid=0&docid=103441551（最後訪問日期：2018 年 9 月 7 日）。

59. 〈政改 "袋住先" 不少泛民支持者接受〉，《成報》2015 年 2 月 9 日。

60. 〈梁振英提個人票建議 泛民建制意見不一〉，中國評論新聞網，http://hk.crntt.com/crn-webapp/touch/detail.jsp?coluid=7&kindid=0&docid=103441551（最後訪問日期：2018 年 9 月 7 日）。

61. 宋小莊：〈提名委員會要經過普選嗎？〉，《文匯報》2013 年 7 月 31 日。

62. Simon N. M. Young, Richard Cullen, *Electing Hong Kong's Chief Executive*

(Hong Kong University Press, 2010), p98.

63. 李曉惠：《邁向普選之路 —— 香港政制發展進程與普選模式研究》，香港：新民主出版社有限公司 2013 年版，第 570 頁。

64. 同上，第 571 頁。

65. 〈田北辰指提名委會必存在〉，《大公報》2013 年 5 月 4 日。

66. 〈2020 方案絕不完美 但實事求是值得重視〉，《明報》2014 年 3 月 21 日。

67. 〈依"均衡參與"原則 宋小莊倡提委會增區議員〉，《大公報》2014 年 11 月 28 日。

68. 許育典：《憲法》，台北：元照出版公司 2010 年版，第 147 頁。

參選人應具什麼資格

在香港政制發展問題上，關於普選時行政長官參選人是否需要具備特定資格、如何確定及實施有關資格要求，各方長期爭執，意見不一，尚未形成共識。這也是 2015 年特區政府提出的行政長官普選議案未獲立法會通過的重要原因之一。妥善解決資格問題上的爭議，離不開學理支撐和實證檢驗。因此，本章將首先闡述選定國家／地區（以下簡稱選定個案）如何設定參選人的資格要求、不同資格要求帶來怎樣的政治效果，然後在此基礎上，就資格要求的正當性、必要性、規律性及其實施機制進行學理討論和分析。根據有關國際人權公約的規定，公民應有權利去選擇代表參與公共決策，而選舉權應當是讓公民的自由意志得到充分表達。這個平等及自由的選舉及被選舉權，並不是全然沒有門檻限制的。實踐中存在三類對參選人的參選門檻：第一類，合法政治身份門檻（例如：公民權、居住年期、犯罪記錄、宣誓等）；第二類，民意授權門檻（例如：提名票、政黨提名等）；第三類，經濟門檻（例如：選舉押金／保證金、選舉經費來源申報等）。香港在參選人資格要求上仍有進一步優化和完善的空間 —— 完善合法政治門檻的內容、豐富民意授權門檻的要求，以及增設經濟門檻的規定。

---- 第一節 ----

行政首長參選人資格的個案評析

---- • ----

對行政首長參選人資格提出要求是各國家／地區的普遍做法，由於研究規模所限，僅對英國、新加坡、德國、意大利、日本、泰國、愛爾蘭、印度、南非、以色列、波蘭、美國、韓國、巴西、台灣、法國、俄羅斯等個案進行深入研究。

一、案例選取標準

現時不少研究都會對有些國家／地區案例進行質性研究，由此直接與香港的民主進程進行比較及參考。但這樣的研究方法會有兩個主要方法上的缺陷：第一，難以顧及香港實際情況。香港並非一個獨立政治實體，而是一個地方行政區域，需要同時顧及中央與地方關係。這樣使得一些以國（境）外案例借鑒於香港時，產生理論上的矛盾。第二，案例的選取上會出現強烈的立場喜好設定。例如，泛民常以歐洲民主政體或台灣來闡釋香港應當採用類近的普選方式；相反，建制派也常以英國議會制、美國的選舉人制度來解釋香港基本法中訂明提名委員會制度的合理性。不論是哪一種進路來研究都容易陷入普遍性、

第二章　參選人應具什麼資格

應用性的危機。

本章的研究中使用量化分析，回應兩個關鍵問題：（1）在眾多國家／地區案例中，對行政首長的選舉制度安排及參選人要求差別與憲法上賦予其國家／地區行政首長的權力大小，兩者是否有關聯性？（2）不同國家／地區在決定選舉制度的問題上，除了政治角力作用外，在不同案例中是否存在一些具有普遍性的原因？

由於研究規模所限，僅對 17 個案例進行深入研究。這 17 個國家／地區包括：英國、新加坡、德國、意大利、日本、泰國、愛爾蘭、印度、南非、以色列、波蘭、美國、韓國、巴西、台灣、法國、俄羅斯。案例中包括歐洲、美洲及亞洲主要的政體；其中除了英國及美國外，都是在第二次世界大戰後及冷戰結束後才建立穩定的共和政體，但由於不同國家／地區之間在實踐普選的年期各有長短，實踐情況及制度選取也各異。議會制國家／地區案例中有 10 個，其中包括在民主評價指數（Democracy Index）較高的英國及愛爾蘭，也包括較差及與香港排名較近的泰國作指標性參考；總統制及半總統制國家／地區有 7 個，其中包括指數排名較佳的法國，也包括指數中表現較差的俄羅斯作指標性參考。案例選取中，除了英國、美國、日本、以色列外，其他國家／地區的政治環境及政治力量都比較多元，有發達國家的德國、法國、意大利、韓國；也有發展中國家的泰國、俄羅斯、巴西、印度等。

根據《公民權利和政治權利國際公約》第 25 條（a）及（b）項，公民應有自由權利去選擇代表參與公共決策，而選舉權應當是讓公民的自由意志得到充分表達。這個平等及自由的選舉與被選舉權，並不是全然沒有門檻限制的。選舉制度及憲制設定必然不能偏離一時一地的實際狀況。在比對以上 17 個案例中，我們歸納了三類對參選人的參選門檻：第一類，合法政治身份門檻（例如：公民權、居住年期、犯罪紀錄、宣誓等）；第二類，民意授權門檻（例如：提名票、政黨提名等）；第三類，經濟門檻（例如：選舉押金／保證金、選舉經費來源申報等）。

二、門檻執行方式

三類的門檻設定分別在不同階段對參選人進行資格審查，也間接反映個案中對參選人在不同素質上的要求，各門檻在執行上大致都分一定階段進行。一名參選人在其個人有意參選直至當選，一般會有三個階段。

第一是合法政治身份門檻。有意參選者往往需要通過最基本的政黨內部提名、公民資格要求、沒有犯罪記錄或非神職人員等規定。對準參選人進行資格審查的一般是政黨內部的選舉委員會、或國家安全機構對宣佈參選人士進行秘密背景審查。由於這往往牽涉政黨內部提名及自行執行，所以部分政黨在內部審查時不只是要求參選人符合基本選舉要求的合法政治身份等規定，更會自設一些其他身份要求或不成文規定，例如，美國的兩大政黨內部初選的總統參選人一般會傾向南北方州人選各一名；韓國政黨中的國會黨魁及黨主席都不參選。

第二是民意授權門檻。參選人在正式成為候選人前需要滿足選舉制度中的提名要求。這個提名要求的規定一般是普遍性的，適用於所有參選人。這類要求包括是獲得政黨提名、公民提名等，在此稱為"民意授權門檻"。這類門檻的要求是確保了正式候選人有足夠的政治能力及民意認受性。故此，絕大部分個案中都要求候選人獲政黨提名。而政黨提名間接反映候選人仕其政黨，或在跨政黨的聯合提名中有能力代表較主流的執政意識形態，及擁有較強的政治動員能力去協調選舉。個別個案中，如法國、俄羅斯會在政黨提名以外加入公民提名元素；但實際上其公民提名的要求下限，並不是由一般非政黨推舉的人士能夠滿足要求的。在民意授權門檻的過程中，執行機構往往由政府的選舉事務局去進行確認，過程則很大程度上由政黨進行協調及採集公民聯署等。

第三類的選舉門檻是經濟門檻。這部分包括對選舉經費及選舉捐獻來源審查及開支上限的規定。這類一般是在候任階段由法院委任法官進行，成立獨立於政府以外的、獨立申報及審查的機構進行。經濟門檻要求是用以確保當選人並沒有收取不正當、不合法的政治捐獻。

以上三類門檻的先後順序如圖 2.1 所示，合法政治身份門檻在先，民意授權門檻及經濟門檻依次居後。

我們嘗試對比 17 個案例對行政首長參選人的選舉要求，實際上在案例研究的國家／地區中都對於參選人有相應的法律禁止及規定（參見表 2.1、表 2.2）。當中體現的形式包括以下幾種方式：第一類是在選舉法內進行限制，例如：美國、韓國、俄羅斯

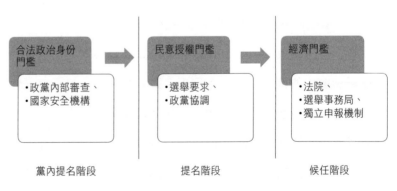

圖 2.1　三個階段的門檻

及台灣等，選舉法規範了選舉資金來源及與國外政治勢力的聯繫，其中美國及俄羅斯公民可以透過《國家安全法》要求法院及政府部門啟動對總統參選人的政治忠誠聆訊及審查。第二類是在政黨法中限制了政治主張的尺度，例如波蘭、德國及泰國。波蘭、德國在政黨法中都限制了極端主義及納粹主義；而泰國更要求政黨必須忠於泰皇。第三類的做法是通過政黨政治慣例，例如英國和南非等。這類國家／地區在選舉法上也限制收取國外資金，收取政治獻金也需要向行政部門申報。但這些國家／地區在確保政治主張不超出應有的政治尺度、維護國家制度安全穩定，更大程度依賴政黨長期穩定實踐的經驗來進行限制。例如，英國並沒有像泰國那樣有嚴格的法律及執法禁止挑戰英女皇的地位，但在國會選舉中卻從未有政黨會主張任何"廢除君主"的主張，並且根據慣例政府首長需要有英皇授權方能組閣。南非情況也類似，自 1996 年南非國民黨退出聯合政府後，以非洲國民大會所組成的三方聯盟，長期單獨執政。通過形成一個以南非種族為核心的跨階層聯盟，在選舉中完全排除了其他種族主張，確保了種族矛盾不再出現在選舉議題之中。這些安排實際上符合了《公民權利和政治權利國際公約》第 19 條及第 20 條對政治權利的限制。

回看香港，香港基本法第 23 條也有類似的規定，香港特區應自行立法禁止任何叛國、分裂國家、煽動叛亂、顛覆中央人民政府及竊取國家機密的行為，禁止外國的政治性組職或團體在香港特區進行政治活動，禁止香港特區的政治性組職或團體與外國的政治性組職或團體建立聯繫。但直至現時，香港並未就基本法第 23 條立法。北京大學法學院饒戈平教授對此批評指出，"我們不能採取一種選擇性的實施，喜歡的我就實施，不喜歡的、看不上的我就把它撇在一邊，這不是一種正確的權力義務關係。"[1]

表 2.1　總統制及半總統制國家／地區行政首長的資格要求 [2]

國家／地區	波蘭	美國	韓國
1.公民資格	國籍：波蘭公民 年齡：35 歲以上	國籍：美國 年齡：35 歲以上 居住：滿十四年 出生：在美國出生	國籍：韓國 年齡：40 歲以上 職業與身份：政府官員和政黨黨首不得競選總統。依據法律規定被停止、剝奪被選舉權或其他特別規定者不得競選總統
2.政治要求	必須獲得至少 100,000 個波蘭有選舉權公民的簽名支持		
3.選舉財政要求	經費來源：個人、法人實體、國家財政、國有企業	經費來源：公民捐款、聯邦基金、黨內捐款、候選者個人捐款	押金：3 億韓元 經費來源：政府提供，公民捐款
4.經費限制	限制：禁止接受來自國外的資金、外資企業捐贈金 申報：選舉委員會（The Election Committees）	限制：不得接受非美國公民的捐款。個人捐款不得超過 2,300 美元最高上限 申報：聯邦競選委員會（The Federal Elections Commission）	限制：不得接受外國政治獻金，不得接受與政府有關企業的資金禁止來自企業集團、工會的各種形式的捐贈 申報：中央選舉管理委員會（Election Commission）
5.政黨內部提名要求	通過召開黨主席選舉推選總統候選人	美國總統選舉候選人可經政黨推薦或公民提名產生。初選與政黨提名大會相結合，初選由州法規定	每個政黨都可推薦一名候選人，無黨派人士只要集齊 5,000 至 7,000 名選民推薦就可參選總統

巴西	台灣
國籍：巴西 年齡：35 歲以上 出生：在巴西出生 職業和身份：登記選民	國籍："中華民國" 年齡：40 歲以上 居住：在台灣連續居住六個月以上，曾設籍十五年以上 職業和身份：登記選民恢復"中華民國"國籍、因歸化取得"中華民國"國籍、大陸地區人民或香港、澳門居民經許可進入台灣地區者，不得登記為總統、副總統候選人
	"總統"候選人必須要有主要政黨推薦[3]，也可以由公民連署提出[4]
經費來源：本國的企業、工會、個人等捐贈	押金：1,500 萬元 資金來源：個人捐贈收入、營利事業捐贈收入、政黨或人民團體捐贈收入
限制：不能接受國外資金，不能接受與政府有關企業的資金 申報：選舉機構（Justiça Eleitoral）	限制：不得接受公營事業或政府持有資本達20% 之民營企業；與政府機關（構）有巨額採購或重大公共建設投資契約，且在履約期間之廠商；有累積虧損尚未依規定彌補之營利事業；財團法人；宗教團體；未具有選舉權之人；不得接受外國資金、大陸地區和港澳地區資金；政黨經營或投資之事業與政黨經營或投資之事業；有巨額採購契約，且在履約期間之廠商 申報：監察院
總統候選人由政黨提名，各黨召開全國代表大會選出候選人，公民直選產生	主要政黨推薦和公民連署推薦，政黨內部召開"全國"大會推選候選人

法國	俄羅斯
國籍：法國 年齡：18 歲以上 身份和職業：有選舉權且沒有犯罪記錄；履行為國服務法律規定的義務	國籍：俄羅斯 年齡：35 歲以上 居住：常住期 10 年以上
獲得來自法國至少 30% 以上省份的 500 個民意代表的簽名支持	每個公民或公民小組都可以組成人數不少於 100 人的選民倡議小組，推舉出候選人。每個競選聯盟只能提出一名總統候選人。競選聯盟和選民倡議小組必須徵集到不少於 100 萬的選民簽名以支持自己提出的候選人。同時在每個聯邦主體徵集到的簽名不得超過 7 萬
資金來源：政黨或黨團的捐贈，候選人籌款協會的捐款或者貸款，個人捐贈	資金來源：競選聯盟和選民倡議小組必須徵集到不少於 100 萬的選民簽名以支持自己提出的候選人。同時在每個聯邦主體徵集到的簽名不得超過 7 萬；競選聯盟、選民倡議小組撥給候選人的資金
限制：禁止接受外國政治獻金，禁止來自企業集團、工會的各種形式的捐贈 申報：競選賬目和政治資金全國委員會（The National Commission for Campaign Accounts and Political Financing）	限制：不得接受外國國家、組織和公民的捐款；無國籍者的捐款；外資超過法定資本 30% 的合資企業的俄羅斯法人的捐款；國際組織和國際社會運動的捐款；地方自治機關、國家和市政企業、機關、組織的捐款；部隊、軍事機關和組織的捐款；慈善組織和教會的捐款 上限：競選費用不得超過最低勞動報酬的 25 萬倍 申報：中央選舉委員會（The Central Electoral Commission of Russia）
必須有 500 名從不同地區當選的民選官員簽名支持，才能成為正式的總統候選人	黨內召開黨代會，正式推選代表該黨參加總統選舉的候選人

表 2.2　議會制國家行政首長的資格要求 [5]

國家 / 地區	英國
1. 公民 資格	國籍：英國公民，居住在英國的英聯邦國家的公民和愛爾蘭共和國的公民 年齡：21 歲以上 職業和身份限制：未償清債務的破產者；英格蘭、蘇格蘭和北愛爾蘭的神職人員；貴族；某些管理君主財產收益的官員；法官；文官；某些地方政府的官員；正規武裝部隊成員；警察；公共公司董事會和政府委員會的成員，沒有下議院候選人的資格
2. 政治 要求	
3. 選舉 財政 要求	押金：500 英磅 經費來源：主要是政黨籌資，候選人向企業、組織、個人等多方集資
4. 經費 限制	限制：不得來自外國；候選人及政黨都不能收取外國資金 上限：沒有 申報：相關選舉檢查人（Electoral Commission）
5. 政黨 內部 提名 要求	英國三個主要政黨都是經由黨代表大會選出黨魁。黨魁會自動成為下屆選舉中競逐首相的候選人

新加坡

國籍：新加坡公民

年齡：21 歲以上

職業和身份限制：經查明或宣告為精神不健全者；尚未清償債務的破產者；擔任營利性質的職務者；被提名參加議會選舉或作為某一被提名者的競選代理人而未能在法律所要求的時間內和方式下提出競選費用的報表者；曾由新加坡或馬來西亞法院宣判為有罪並判處監禁一年以上或罰金2,000 元以上而未獲特赦者。曾在外國志願取得公民資格或行使公民權利或曾向外國作過效忠的宣告者。根據任何規定與議會選舉有關的犯罪的法律，由於被判處犯有這種罪行或在有關選舉的訴訟中證明犯有構成這種犯罪的行為，而被剝奪資格者均不能參選

押金：16,000 新加坡元

經費來源：新加坡 21 歲以上的公民，新加坡國有公司，主要在國家內進行運營和商業貿易。候選人的政黨也可以為其提供選舉經費

限制：除了年滿 21 歲的新加坡公民，新加坡所控制的公司，其主要的或部分的業務在新加坡進行以及提名候選人參選的政黨之外都被禁止

上限：無

申報：政治獻金登記局（Registrar of Political Donations）

新加坡總理一般是議會多數黨領袖，從新加坡的政治慣例來講，新一任總理必須經過一到兩個內閣任期的鍛煉。內閣總理由黨的秘書長擔任，秘書長是在人民行動黨中央執行委員會舉行的換屆選舉中選出

德國	意大利
國籍：德國國籍 年齡：18 歲以上	國籍：意大利公民 年齡：25 歲以上
押金：德國法院裁決選舉保證金違憲 經費來源：一部分來自於政黨自己的金庫，另一部分來自於國家撥款	押金：沒有 經費來源：個人捐贈、企業工會捐贈等。候選人和政黨的經費可以來自外國
限制：對候選人的資金沒有總的適用條款，因為候選人由政黨提名，政黨應該對此負主要責任 [6] 申報：聯邦議院議長（The President of the Bundestag）	限制：匿名捐贈者至多捐贈 50,000 歐元，禁止政黨一年內收取同一捐款人 100,000 以上歐元 申報：議會主席及問責法庭（The Presidents of the Chambers and the Court of Accounts）
德國總理候選人一般由政黨提名產生。多數黨領袖往往擔任總理。黨領袖選舉產生，例如，在基民盟全國黨代會中選舉產生基民盟主席	在進行議會大選之後，第一大黨或執政聯盟會推出總理候選人。黨內通過選舉選出黨首，即總理候選人

愛爾蘭	泰國
國籍：愛爾蘭公民 年齡：21 歲以上 職位和身份：在憲法和法律的框架下不被界定為無行為能力者	國籍：出生在泰國，泰國國籍 年齡：30 歲以上 職業和身份限制：吸毒；破產或曾經破產；和尚、沙彌等宗教人士、被剝奪選舉權者、精神不健全者；被判入獄或被監禁；出獄未滿 5 年；曾因瀆職而被國家機關或國有企業撤職或除名；曾因非法暴富被沒收財產；公務員；地方議員或公務員；擔任上議員或結束上議員任期未滿 2 年；在國有機構或企業任職；在法院、選委院、監察院、反貪委、審計署、國家人權委員會任職；被剝奪參政權利；曾被上議院依法罷免職務等不能參選
	沒有被判處過兩年以上徒刑，疏忽罪除外
押金：500 歐元 經費來源：本國的企業、工會、個人等捐贈	押金：10,000 泰銖 經費來源：政府補貼，公民捐贈
限制：不能接受國外資金，接受超過 12,679 歐元的政治獻金，必須申報 申報：公職人員道德委員會（The Standards in Public Office Commission）	限制：政黨不能接受非本國公民的獻金，部分國有企業的獻金。對政黨的匿名捐贈不得超過 5,000 泰銖，如果超過必須公開 申報：選舉委員會（Election Commission）
總理由眾議院提名，通常是眾議院多數派黨魁	政府總理來自下議員，由不少於 2/5 的下議員提名，經下議院表決並獲半數以上票數通過。總理一般由眾議院聯合政府（多數黨派領袖）出任

日本	印度
國籍：日本國民 年齡：25 歲	國籍：印度公民 年齡：25 歲以上 職位和身份限制：在印度政府或各邦政府擔任任何有收入之職務（但經議會以法律宣佈不影響其議員資格的職務除外）；經管轄法院宣告神經不健全者；未清償債務之破產者；非印度公民、自願取得外國國籍者或承諾對某一外國效忠依附者不得參與競選
參議院或眾議院成員參選黨首首先要獲得 20 名議員的聯名推薦	
押金：最低 300 萬日元 經費來源：公民捐助，團體捐贈和國家補貼	押金：25,000 印度盧比 資金來源：工會、部分企業、個人等獲得競選資金，沒有直接的政府補助
限制：不得接受來自外國公司或者組織的捐贈 申報：總務省（Ministry of General Affairs）	限制：候選人不得接受外國資金作為捐贈，對於成立少於三年的公司不得向候選人提供政治獻金 上限：有（但實際是一紙空文） 申報：選舉委員會（Election Commission）
在眾議院選舉中獲得過半數席位黨派，可獲得單獨組閣權利，該黨即為執政黨，其黨首即為首相。事實上，首相是在眾議院投票中得到過半數選票的候選人。[7] 幾個政黨聯合執政，由幾個聯合執政的黨聯合推選首相候選人，經國會議員選舉產生首相	總理由總統任命人民院多數黨的議會黨團領袖擔任

南非	以色列
國籍：南非公民 年齡：18 歲以上 職業與身份限制：經管轄法院宣告神經不健全者；無力償還債務的破產者；被判處過 12 個月以上徒刑（無罰款罪行）者	國籍：以色列公民 年齡：21 歲以上 職業與身份限制：被法官依法剝奪選舉與被選舉權外不得參選
必須要得到兩個以上的國會議員的簽名	在任期行將屆滿的議會中佔有議席的政黨自動具有再參選的資格，其他任何一個註冊的政黨只有徵集到 2,500 名選民的簽名支持，方可提出自己的候選人名單參加競選
押金：200,000 蘭特 資金來源：個人捐贈等，選舉經費來源並未受到法律限制	押金：沒有 資金來源：個人、家庭捐贈，政府資金
限制：沒有法律規定政治獻金需要公開。但政黨或者當選者需要每年公開一次財產情況 申報：審計長（Auditor-General）	限制：候選人不能接受來自外國捐贈、本國企業、工會捐贈，並且對於個人捐贈金額有所限制 申報：國家審計部門 （The State Comptroller）
按照非國大傳統，黨的領袖也是總統選舉候選人。而自 1996 年，國民黨退出民族團結政府，非國大領導的三方聯盟基本實現單獨執政	議會選舉結果揭曉後，總統在綜合議會各黨派意見的基礎上提名總理人選，授權其組閣

分歧與共識：香港行政長官普選制度研究

三、門檻高低程度

根據上述三類選舉門檻，本研究設計了計分辦法，每一項對參選人的限制都會計進評分之內來量化限制程度。例如，在合法政治身份門檻中，有要求公民居住年期會獲 1 分；有部分國家 / 地區有職業限制也會有 1 分；其他每項規定增加 1 分；在民意授權門檻方面，會按照各國家 / 地區參選人需要經過多少輪民意授權遴選，當中包括黨內提名、初選、正式選舉等。在經濟門檻方面，有選舉上限、申報要求、獻金限制等每一項限制加 1 分，如此類推。根據這項評分制，我們得出以下結果，見表 2.3、圖 2.2。

表 2.3　參選門檻指數、2014 年民主指數與民主排名數據[8]

國家 / 地區	參選門檻指數	2014 年民主得分[10]	民主排名
新加坡	11	6.03	75
英國	12	8.31	16
泰國	13	5.39	93
德國	13	8.64	13
愛爾蘭	12	8.72	12
日本	11	8.08	20
南非	12	7.82	30
意大利	12	7.85	29
以色列	14	7.63	36
印度	13	7.92	27
台灣	15	7.65	35
波蘭	16	7.47	40
法國	15	8.04	23
巴西	15	7.38	44
韓國	16	8.06	21
美國	18	8.11	19
俄羅斯	17	3.39	132
香港[9]	11	6.46	66

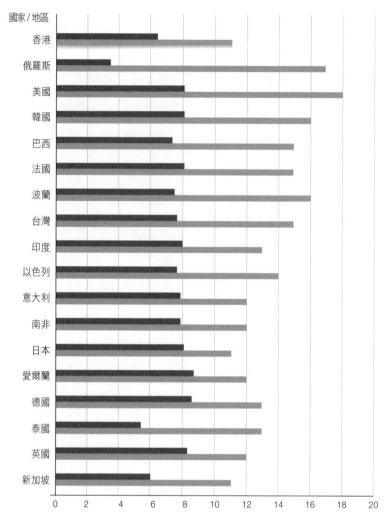

國家／地區

註：灰色為門檻指數得分；黑色為 2014 年《經濟學人》民主指數得分。

圖 2.2　參選門檻指數與 2014 年民主指數排名柱狀圖

　　在計分中發現，首先，議會制國家的平均值為 12.3，而總統制國家／地區的平均值是 16，總統制國家／地區遠比議會制國家的門檻要求高；其次，上述的門檻要求差異中，合法政治身份門檻各國家／地區之間大同小異，主要差異在於民意授權門檻及經濟門檻上；再次，調研發現在綜合 17 個國家／地區的民主得分與選舉門檻之間並沒有強烈相關性。

此外，從上表的歸納，間接反映了議會制國家對參選人的要求，並不完全體現在法律或選舉法則上，議會制國家更大程度上依靠政黨內部自身的內部紀律、黨內遴選、資格審查及黨內競爭等機制來達到對行政首長的資歷及政治要求規制的目的。也即政黨或政黨法替代了選舉制度或選舉法則對參選人進行制約和限制。相反，在總統制國家／地區中，行政首長的選舉中個人色彩甚濃，身份、資格及政治忠誠等要求都在選舉規定中變得細緻，執行上也更加嚴謹。

再者，在比較議會制及總統制國家／地區的門檻區別中，我們發現民意授權門檻成了主要區別。議會制國家中的首相比總統的民意授權廣泛程度低，議會制國家選舉中要求選出執政黨和執政理念遠多於選出政治領袖。議會制國家中有意出任首相的參選人只需要勝出選區晉身議會，並獲得黨內支持就有機會出任。他所獲得的民意授權並不如一個總統制國家／地區中的行政首長的民意授權。相反，總統制國家／地區往往對參選人的民意授權門檻的規定更加複雜，例如：波蘭及法國都對總統參選人訂定最低門檻，排除一些極端及非主流的政治勢力；台灣及韓國都會有政黨推薦的安排；俄羅斯及法國更會要求在獲取的公民提名中要在各行政區中都獲得一定數量的支持。這些安排都有別於議會制國家簡單以公民提名形式來參選選區的國會議席。

由於上述的計分法中只顯示門檻高低，並沒有反映程度上的差異，我們抽取 7 個總統制國家／地區數據整理，並引入香港作參考（參見表 2.4）。通過比較發現，香港在民意授權門檻及經濟門檻上明顯少於其他國家／地區。例如，香港在選舉財政、政治獻金及經費來源上並沒有嚴格的規定及申報機制；與國外政治組織的聯繫也並沒有明文的法律制約等。現時根據《行政長官選舉條例》，只要求公開選舉財政及設定經費上限，但對於獻金及來源審查，並沒有獨立部門進行審查及監察。

表 2.4　部分國家 / 地區行政首長選舉門檻得分詳細分佈

國家 / 地區	台灣	波蘭	法國	巴西	韓國	美國	俄羅斯	香港
政治身份	6	6	5	5	6	6	6	5
民意授權	4	5	5	6	5	6	6	4
經濟門檻	5	5	5	4	5	6	5	2
總分	15	16	15	15	16	18	17	11
民主得分	7.65	7.47	8.04	7.38	8.06	8.11	3.39	6.46
民主排名	35	40	23	44	21	19	132	66

在以上 17 個案例的選舉門檻中，我們不難發現選舉門檻實際上在一定程度上是排除了一些政治勢力及小型政黨參加選舉的機會。這類安排往往出現兩類考慮：第一是政治穩定性，以減少參選人數來避免選舉過程中的政治裂隙（cleavage）過大，而導致社會難以凝聚共識；第二是政治整合性，在門檻上設限，不論經濟門檻亦或是民意門檻，其設置的目的是保證政黨及參選人有能力尋求足夠的財政支持及政黨支持。換言之，這類安排前設了對參選人的能力要求。當然門檻高低是可議的，也直接影響該國家 / 地區的民主排名及程度。因為這直接影響了公民可以自由選舉及被選舉的程度。

參考《經濟學人》在 2014 年的民主指標（Democracy Index），在 7 個總統制 / 半總統制的國家 / 地區的案例中，俄羅斯排名最差，只有 132；最佳是美國，排名 19；台灣、韓國分別是 35 及 21；香港只排在第 66 名。國家 / 地區內社會及政治的開放程度，當然在邏輯上會影響門檻的高低，例如俄羅斯的提名門檻中要求總統參選人需要獲得不少於 100 萬名選民簽名支持。另外，以美國為例，公民雖然可以通過政黨提名或公民提名參選總統選舉，但由於現時兩大政黨把持了絕大部分州的議席，在現時採用選舉人票的制度下，即使有第三名非兩大政黨候選人出現，根本就難以獲得現有政黨提名，也幾近不可能在選舉人票制度中獲得勝出的機會。俄羅斯及美國的民意授權門檻都比不少總統制及半總統制國家 / 地區高，不過兩者的民主排名卻有天淵之別。因此，我們不能純粹以社會的民主及自由程度來斷言其門檻程度高低，反之亦然。

本研究的數據統計發現，直接影響門檻高低程度的，更大程度上是憲法賦予行政首長的立法權力，這些立法權力包括：提案權、簽訂通過法案權、修正權、解散國會權、任命權、否決權、行政指令、臨時財政權力、公投權、審查權等。本研究根據 Shugart and Mainwaring "有關總統立法權力的計分原則"（Rating for Legislative Power of President）。首先，在法案否決權方面，以韓國為例，根據憲法韓國總統享有法案否決權，可以對立法機關通過之法案否決發還重審，但不享有對法案內容中個別條款擁有否決權力。因此在整體否決權（package veto）評分上只有 1 分；但在法案部分否決權力（partial veto）中為 0。其次，在行政指令權方面，根據韓國憲法，總統享有兩項行政指令權力，不需經由立法機關直接宣佈法律，也可以利用行政指令不經法院對某些干犯政治犯罪的人處罰，故此有 2 分；

但是韓國總統在立法權力中卻並不享有任何豁免權力。再次，對於財政預算權力，韓國總統享有三個立法權力：其一，在國會不予通過財政預算的情況下，可以按照上年度撥款執行；其二，總統可以不需經由立法機關直接運用公共開支；其三，韓國總統有權對立法機關就預算作出的修訂駁回重議。因此在預算權力中共有 3 分。另外，對於公投權，韓國總統可以在重大決定時，提請公投，而不經立法機關審議立法（因此此項得 1 分）。而在俄羅斯的憲法中，總統更可以設定公投議題，不需要出現行政立法僵局（deadlock）就可以自行宣佈公投，故此項俄羅斯獲 2 分。最後，在司法審查權方面，在不少總統制和半總統制的政體中，司法機關透過違憲審查來確保總統及行政機關的立法權力不會超出權力界線之外，司法享有高度獨立審查權，故此不少國家 / 地區在此項中，得分為 0。而根據俄羅斯憲法的規定，總統有四項相關權力可以對司法審查進行干預：駁回審查決定要求重組法官團重審；對司法審查案件收回；總統可主動提請司法審查；在緊急情況下，總統可以宣佈司法審查權力暫時無效，故此俄羅斯總統此項獲 4 分。綜合考量下，按 2014 年各國家 / 地區的憲制內容，我們得出表 2.5 數據。

表 2.5　部分國家 / 地區 "總統立法權力" 指數

國家 / 地區	韓國	台灣	法國	俄羅斯	波蘭	美國	巴西
法案整體否決（Pack. veto）	1	0	1	1	1	2	1
法案部分否決（Part. veto）	0	0	1	2	0	0	1
裁決（Decree）	2	0	1	2	1	3	1

豁免 （Excl. intro）	0	3	0	1	1	1	1
預算權 （Budget power）	3	0	0	1	0	1	0
公投 （Referendum）	1	0	1	2	1	0	1
司法審查 （Judicial re.）	0	0	1	4	0	0	0
總數	7	3	5	13	4	7	5

　　各國家／地區法定的“總統立法權力”指數顯示，憲法賦予“總統立法權力”越大的個案，其選舉門檻往往會越高。兩者之間呈現線性關係。相反，民主程度與選舉門檻之間有很強的同線性（co-linear）關係，即是相互影響。數據結果回應並證成了先前兩個問題：第一，門檻高低與民主程度不一定有必然關係；第二，門檻的高低與參選人所競爭職位的權力大小成正相關關係。立法權力越大的職位，選舉門檻就越高，這變相是一項制度安排，來確保參選人不會濫權，並擁有最佳的參選條件。

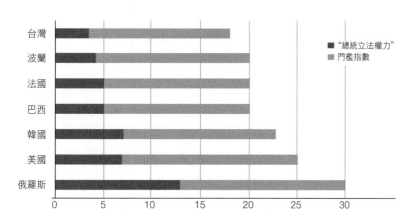

圖 2.3　部分國家／地區“總統立法權力”與門檻指數相關性比較

這給予香港一個很清晰的啟示：香港選舉門檻的訂定，實際上可以把現時行政長官的立法權力與上述 17 個案例中行政首長的權力作比較和參照。在香港的情況中，任何由特區政府提出的政府法案，必須經由立法會投票通過，後由行政長官簽署落實，並向全國人大常委會備案。另外，根據香港基本法第 17條的規定，全國人大常委會實際上是可以對香港立法會通過的法案作審查，有權發還重審，但僅限於涉及中央管理的事務及中央與特別行政區關係的條款。在 "一國兩制" 實踐二十年的經驗中，全國人大常委會並沒有履行過監察香港立法的事例。香港現時法案基本上由特區政府提出，故行政長官的實際立法權力是很大的。若按 Shugart and Mainwaring "有關總統立法權力的計分原則"，視香港行政長官為一個獨立個案的行政首長去衡量，行政長官立法權力的指數達 7 分。按政府在 2015 年 4 月提出的建議方案而言，不計算中央對行政長官任命這一環節在內，門檻指數則只有 11。相對總統制國家 / 地區案例平均值有4-5 分之差。換言之，香港的選舉制度中對參選人的門檻要求，也應有相應程度的提高，來確保參選人的資格及條件，讓未來的候選人有權有責。

香港行政長官參選人資格的要求

————— • —————

　　《公民權利和政治權利國際公約》等人權公約對包括選舉權和被選舉權等公民的政治權利作出了規範性的界定，雖然《公約》第 25 條（b）項曾被作了保留而不適用於香港，但香港基本法的有關內容對此有所突破。因此，行政長官選舉提名問題不能不考慮平等原則。現有民間方案的焦點都落在民意授權門檻，對於經濟門檻及政治資格的門檻卻沒有提出可行的建議。香港特區政府第二輪的諮詢文件中也尚未就當中所需要的經濟門檻及合法政治門檻提出討論。由此可見，香港在參選人資格要求上仍有進一步優化和完善的空間。

一、人權公約對參選人資格的規定

　　關於香港行政長官參選人資格的問題，首先考察國際公約的有關規制。截至 2015 年 10 月，適用於香港特別行政區的國際公約共 253 個，其中有關人權的國際公約 16 個，包括《經濟、社會、文化權利國際公約》（A 公約）、《公民權利和政治權利國際公約》（B 公約）和《公民權利和政治權利國際公約任擇議定書》（B 公約議定書）。A 公約於 1976 年 1 月 3 日生效，B 公約和 B 公約議定書於 1976 年 3 月 23 日生效　它們通常統稱為 "國際人權公約"。在香港政制發展中，被時常提及和引述的是《公民權利和政治權利國際公約》。該公約中，第 19 條、[11] 第 20 條 [12] 及第 25 條對公民的政治權利作出了規範性的界定。第 19 條明文指出，公民有平等及自由權利提出政治主張，並應有權自由地傳播政治主張。按字面意思理解，這自然包括公民或公民團體有平等和自由的權利，提出和傳播其對所屬政治實體的行政首長產生方式和資格標準的主張。第 25 條補充了政治權利中有關選舉權的說明，包括公民應享有平等選舉權和被選舉權；公民應當可以定期以不記名方式選舉代表，並在平等及自由的原則下參與公共事務。上述權利也有其義務和限制。就義務角度而言，《公民權利和政治權利國際公約》第 19 條及第 20 條實際上明確規定了政治主張及政治參與中的一些義務，其中包括第 19 條第 3 款註明，政治主張的權利中有其特殊義務，應該尊重他人權利或名譽；並且應保障國家安全及公共秩序。第 20 條中，對於政治主張中鼓吹戰爭、鼓吹民族、種族或宗教仇恨等的都應禁止。公約條款中還指出，上述的義務及局限應以法律形式，對公民的政治權利加以規範。可見，根據國際人權公約的內容，以法律形式禁止違反選舉權利的應有界限是應當的。

對香港行政長官參選人資格的要求，人們最熟悉的內容應是參選人必須是愛國者，這是中央政府提出。因香港社會內部對愛國存在爭議，中央有關部門領導進一步解釋愛國就是不能與中央政府對抗。[13] 為落實行政長官人選必須是愛國者的要求，"831 決定"規定參選人必須獲得提名委員會半數以上委員的支持。有香港學者認為，如此高的"出閘"門檻是源於中央對香港的不信任，而這種不信任是來自工商界的遊說。資本家要維持資本家的利益，而中央會聽他們的意見並照顧他們。結果造成反彈，基層市民不滿政制傾側資本家，但無奈這種意見似乎未能反映到中央。最後，香港的內部階級矛盾演變成央港矛盾。[14] 在提名委員會委員超過 80% 為建制派人士的情況下，面對如此高的"民意授權門檻"，泛民主派人士認為沒有機會成為候選人。"831 決定"與香港各界的普選預期有較大差距 ——泛民主派自然認為是史上最嚴的"篩選"制度，是假普選，甚至有建制派也表示方案相對自身一貫主張更趨保守。[15] 故此，香港特區政府提出的以此為核心的行政長官普選方案在立法會自然不能得到三分之二多數通過。"831 決定"和香港特區政府方案，都是以"民意授權門檻"來強化"合法政治身份門檻"。香港特區政府在 2015 年提出落實行政長官普選的選舉制度不代表是終極方案，也就是說未來行政長官選舉方案很可能有一定的調整。因此，在此不將過去的政府方案作為分析的重點，而是主要評析香港民間方案中關於參選人資格的規定，以為未來的政府方案提供參考。

二、民間方案對參選人資格的要求

我們將利用上節的材料，探討香港現時民間建議方案中對參選人要求和參選門檻的合理性及可能達成的效果。

上文對 17 個國家／地區的行政首長參選人的資格要求進行

了分析，可總結四個主要趨勢及特點：第一，各國家／地區對行政首長參選人的資格要求一般在三個層面上反映：（a）合法政治身份門檻（例如：公民權、居住年期、犯罪紀錄、宣誓等）；（b）民意授權門檻（例如：提名票、政黨提名等）；（c）經濟門檻（例如：選舉押金／保證金、選舉經費來源申報等）。第二，在三類政體中：總統制、半總統制及議會制，行政權力集中的總統制，不論在政黨內部、政黨選舉委員會舉行的初步選舉、以至選舉機構及選舉法對參選人的資格要求和明細規定都比議會制下的行政機關首長參選人的資格要求及門檻嚴謹。第三，從時間維度上觀察，17 個國家／地區的民主歷程及選舉歷史表明，"公民提名" 對於一些新興民主國家／地區，或代議民主制度發展較短的國家／地區有較大的吸引力。

基於上述的各國家／地區個案分析，本節透過歸納和分析香港現存民間的普選建議方案，探討兩個問題：（1）香港民間提出的不同方案，會將香港政制引向怎樣的政治未來？（2）民間的方案中是否與前文的案例及經驗有類似的制度安排、運作機制和不成文的政治傳統等，用來完善和確保 2017 年以後行政長官選舉符合資格要求？

基於上述兩個主要問題的思路，本節會將現時主要民間方案的特點列出；歸納及總結不同方案之間的主要異同，並嘗試分類（下稱方案類別）以簡化之後的討論；同時通過歸類的各種建議方案類型，分析其政治影響。當中的政治影響包括：行政長官的角色及政治立場、行政立法關係、提名委員會的用處及角色、政黨數目及政黨發展，以及中央與特區關係的良性發展。

同時提煉出香港民間建議方案的三個主要假設，並對假設進行相關數據及質性驗證和分析。將嘗試以數據推演來驗證三個主要命題的真偽，並由此對各種方案進行評析：（1）提名委員會以外的其他方法能確保香港基本法要求提名委員會的"廣泛代表性"和"均衡參與"；（2）提名委員會的設立剝奪泛民主派候選人的參選機會；（3）提名委員會的設立將會局限普選階段不同光譜參選人的參選機會。

在此，有必要指出現時民間方案中都罕有對"合法政治身份門檻"及"經濟門檻"提出建議，關注點都放在"民意授權門檻"之上。由於方案數目眾多，本節將會採用 24 個較具代表性及較廣為人知的方案進行評析。方案詳細內容，請參見表 2.6。

表 2.6　香港民間關於行政長官普選的方案

序號	方案名稱	建議者 / 組織	提出日期	出處
1	民促會一號方案	香港民主促進會	29/05/2013	民促會網頁
2	民促會二號方案	香港民主促進會	29/05/2013	民促會網頁
3	學界方案	學民思潮、香港專上學生聯會	23/06/2013	明報
4	湯家驊方案	湯家驊	14/08/2013	湯家驊議員辦事處
5	王永平方案	王永平	11/09/2013	信報
6	陳文敏方案	陳文敏	25/09/2013	明報
7	真普聯學者團 A 方案	真普聯學者團	03/10/2013	真普聯網頁
8	真普聯學者團 B 方案	真普聯學者團	03/10/2013	真普聯網頁
9	真普聯學者團 C 方案	真普聯學者團	03/10/2013	真普聯網頁
10	林立志方案	林立志	29/10/2013	明報
11	人民力量方案	人民力量	11/12/2013	明報
12	真普選共識方案	真普選聯盟各成員	08/01/2014	真普聯網頁
13	社民連方案	社會民主連線	17/02/2014	社民連網頁

14	香港 2020 方案	香港 2020 / 陳方安生	21/03/2014	明報
15	戴大為方案	Michael Davis	25/03/2014	南華早報
16	楊艾文方案	楊艾文	01/04/2014	楊艾文網頁
17	何濼生方案	何濼生	01/04/2014	文匯報
18	公民推薦方案	"18 學者"	02/04/2014	方志恆撰文
19	自由黨方案	自由黨	13/04/2014	自由黨網頁
20	提委會民主漸進方案	"13 學者"	30/04/2014	香港電台
全國人大常委會 "831 決定" 出台				
21	白票守尾門方案	陳弘毅	11/01/2015	信報
22	關鍵少數方案	戴耀廷	14/03/2015	明報
23	立法會推薦方案	北京港澳學人研究中心	02/04/2015	明報
24	候補人方案	香港 2020 / 陳方安生	04/03/2015	明報

此處所採用的 24 份就 2017 年普選行政長官的建議方案，分別是在兩個期間提出的。以 "831 決定" 為分界點，其中 20 份是在此前提出的；餘下 4 份是在此後提出的。從香港特區政府官方網頁公佈的第一輪諮詢期意見收集結果中發現，當中有不少市民及組織提出的意見書內容與上述 24 份方案都是大同小異，因此本節不作提及；另外在全國人大常委會作出 "831 決定" 後，有違決定的方案也不在本節討論之列。

根據香港基本法第 45 條規定，行政長官參選人需要經過一個有廣泛代表性的提名委員會確認提名產生。由於提名委員會是作為一個機構提名，因而它成為香港市民一人一票普選前的一個憲制設定。按進入提名委員會參選及獲提名委員會確定的門檻，民間方案中有很不一樣的建議。方案的差異，主要基於三個考慮：泛民主派的參選機會、國際選舉慣常做法和開放參選權及提名權。為了讓香港社會向民主過渡，不同方案對於上述三個考慮的跨度和開放程度不一致。不同方案之間，分別從三個地方著眼，試圖擴大民主空間：提名委員會的組成辦法、參選及提名門檻，或尋找其他方式完全取代提名委員會的提名角色。在此，僅探討參選及提名門檻。以下我們將有主要差異的方案作比較，並按其參選及提名程序寬嚴程度排序，請見表 2.7。

表 2.7　香港民間幾種代表性方案中關於參選及提名門檻的規定

方案	參選門檻	提名門檻
學界方案	1% 公民提名即正式成為候選人	需獲得 8% 提委提名，不得獲超過 1/5 提委提名
真普聯共識方案	1% 公民提名 或上屆立法會獲得 5% 直選有效票政黨提名 或 12.5% 提委提名	除非違反明文選舉規定，否則公民提名及政黨提名，提委會必須予以確認 12.5% 提委提名
"18 學者" 方案	2% 公民推薦(可以同時有委員推薦、政黨推薦)	12.5% 提委提名
戴大為方案	參選人若獲得 10,000 名公民聯署推薦，應該被提委會真誠地考慮	12.5% 提委提名
自由黨	獲得 100 名提委推薦	得票最高 3 名參選人獲提名
民建聯 / 工聯會	10%-12.5% 提委推薦 / 5% 提委推薦	需獲得 50% 提委提名
戴耀廷方案	12.5% 提委推薦	需獲得 80% 提委提名

民間方案就門檻設定的討論焦點在於，能否讓泛民主派候選人參選行政長官。這個要求有其政治合理性，任何一個地區的政治改革和民主化過程中都不可能排除現時社會上主要的政治勢力，否則會削弱制度改革的認受性，同時令制度民主化的實際作用大大減低。由此引申出一個值得回應的問題：根據過去多次有競爭的行政長官的選舉中，選舉委員會提名的參選名單及

選舉結果中,是否排除了泛民主派候選人?或根據過去選舉的經驗,是否令民意支持度高的候選人在選舉結果中被排除了?

在過去 2007 年及 2012 年兩屆有競爭的行政長官選舉中,被視為是泛民主派的選舉委員會成員分別約佔 120 席(總數的 15%)及 182 席(總數的 15.1%)。在過去兩屆的選舉中,提名門檻為八分之一(12.5%),泛民主派的參選人都能順利進入候選階段。因此在各類民間方案中的門檻高低,實際上是決定泛民主派人士能否有機會派出行政長官候選人。提名門檻若沿用八分之一(12.5%),泛民主派人士就有機會成為候選人。故此,在全國人大常委會"831 決議"出台前,民建聯及工聯會的方案被視為局限了泛民主派參與選舉的機會。

三、對目前方案參選人資格的評析

就行政長官普選提名辦法可否篩掉一些不被信任人士的爭論,牽涉到《公民權利和政治權利國際公約》第 25 條(b)項是否適用於香港行政長官選舉的問題。關於此問題,北京大學法學院饒戈平教授曾有專門的研究,他認為《公民權利和政治權利國際公約》第 25 條(b)項不適用於香港行政長官選舉。因為英國當年把《公民權利和政治權利國際公約》擴展適用於香港時對第 25 條(b)項作了保留,一直到香港回歸前,此保留一直有效。香港回歸後,中國政府踐行承諾,《公民權利和政治權利國際公約》適用於香港的有關規定繼續有效,並在香港基本法第 39 條中加以落實。但因第 25 條(b)項曾被作了保留而不適用於香港。[16] 但香港有人指出,由於英國對上述公約的保留完全沒有提及行政長官，因此行政長官的選舉應該依據上述公約第 25 條第（b）項的規定。[17] 饒教授否定 25 條（b）項在香港的適用，是針對上述觀點認為 25 條（b）項適用於香港行政長官選舉。因為只有 25 條（b）項不適用於香港行政長官選舉，所以類似"831 決定"規定行政長官提名篩選制度安排並不違反上述公約。

針對上述公約第 25 條（b）項是否適用於香港行政長官選舉的爭議，林峰教授指出，若完全依據文意解釋，應該說上述公約第 25 條（b）項適用於行政長官選舉的觀點是正確的。而且運用聯合國國際法委員會所通過的《指引》中的善意原則和考慮此公約的目的和意圖也應該是支持上述文意解釋的。[18] 但他也指出，考慮到香港的行政首長在英國政府作出保留時是港督等背景，根據國際法所確定的解釋保留條款的規則，並不能得出英國原來對公約所做出的保留條款一定不適用於行政長官選舉這一結論。[19]

根據香港基本法第 39 條，《公民權利和政治權利國際公約》適用於香港的條款將繼續有效並通過本地立法而實施，而有關的本地立法就是香港政府於 1991 年制定的《香港人權法案條例》。該條例第 21 條[20] 落實了上述公約的第 25 條。同時，該條例第 13 條把英國的保留條款也變成了條例的一部分，規定如下："《人權法案》第 21 條並不要求在香港設立由選舉產生的行政局或立法局"。這清晰表明此公約在香港的適用是受制於英國當初所作出的保留條款的。但就是在港英時期，"立法局 1995 全面選舉產生後，第 25（b）保留條文已成為過時條文"[21]。聯合國人權事務委員會於 1995 年指出"一旦民選立法局成立，選舉必須符合第 25 條"[22]。

有學者指出，在香港的主權恢復行使之後，中國作為香港的主權國在法律上可以通過其為香港制定的憲制性文件（香港基本法）來對《香港人權條例》中的權利加以限制。[23] 但回歸後實行的香港基本法不但沒有對《香港人權法案條例》中權利加以限制，而且還突破了上述法律文件對普選的保留，因為香港基本法第 68 條明確立法會未來可普選產生，第 45 條還規定行政長官未來也可由普選產生。另外，香港基本法第 25 條規定香港居民在法律面前一律平等，這實際是對公約第 25 條（ b ）項中選舉權和被選舉權應平等被保留的突破。"基本法在滿足人權公約的要求這一點上，遠遠超出港英時期的法律。"[24] 行政長官選舉提名問題不能不考慮平等原則。[25] 當然，平等是相對的，香港居民只有永久性居民享有選舉等政治權利，非永久性居民並不享有選舉等政治權利，這種差異有合理的原因，並不產生歧視問題。但若為把一部分人士排除出行政長官候選人行列，而設置很高的 "民意授權門檻"，可能就難以符合香港基本法所規定的平等原則。

簡言之，上述參選門檻和提名門檻都變相讓個別的政治勢力在制度邏輯上主宰了其他政治勢力參選的機會，而並非在民意支持上一較高下。這可能會直接導致行政長官參選人的資歷有以下兩種影響：（1）只有建制派屬意人選參與選舉；（2）均不屬建制派及泛民主派的參選人。這兩種可能性都不符合以往的政治倫理及過往選舉的慣例。

現有民間方案的焦點都落在民意授權門檻，對於經濟門檻及政治資格的門檻卻沒有提出可行的建議。若以前文總結各國家／地區的選舉經驗，三種不同門檻的要求實際上是滿足行政首長選舉中對候選人不同資歷的資歷要求，如表 2.8。

表 2.8　各種門檻對候選人資歷的要求

	牽涉內容	制度性原因
經濟門檻	限制選舉經費來源； 選舉經費上限； 財政來源及資產申報； 選舉押金及保證金	確保候選人的財政獨立，不受資本及利益操控，保持清廉； 公開選舉及財政帳目，滿足公眾知情權及監察權
合法政治身份門檻	公民權； 不持有國外公民身份； 沒有犯罪紀錄； 職業（如非神職人員）； 沒有叛國及觸犯國安罪	確保候選人對國家的政治忠誠； 防止外國利用選舉及候選人來操控本國的政治； 確保政教分離
民意授權門檻	公民提名； 政黨提名； 議員（議會制國家適用）	確保候選人有足夠的知名度及民意認受性； 確保候選人在現行參政機制內有足夠歷練和資歷（如：政黨、議會等）

　　香港特區政府第二輪的諮詢文件中也尚未就經濟門檻及合法政治身份門檻提出討論，將上述兩者留待未來本地立法討論及通過。根據過往 2007 年及 2012 年行政長官選舉（2017 年政改失敗，沿用 2012 年方案）的《行政長官選舉條例》及《選舉程序（行政長官選舉）規例》，其中關於經濟門檻及合法政治身份門檻如表 2.9 所示。

表 2.9　香港法例規定的候選人經濟及合法政治身份門檻

	2007 年行政長官選舉	2012 年行政長官選舉
合法政治身份門檻	香港特別行政區永久性居民； 中國公民； 沒有外國居留權； 年滿 40 週歲； 在香港通常居住連續滿 20 年	香港特別行政區永久性居民； 中國公民； 沒有外國居留權； 年滿 40 週歲； 在香港通常居住連續滿 20 年
經濟門檻	選舉開支上限 9,500,000 港元	選舉開支上限 13,000,000 港元

　　上表清楚反映出香港在候選人行政長官資格要求上仍有進一步優化和完善的空間。其中包括三點：

　　第一，完善合法政治門檻的內容。現行《選舉程序（行政長官選舉）規例》、《行政長官選舉活動指引》和香港基本法及其附件二中雖有要求擔任行政長官的香港居民不能同時持有外國國籍，並需要宣誓效忠中華人民共和國香港特別行政區。但上述規定缺少了制度化的安排和資格審查機制。在 2017 年之後的行政長官選舉中，需要考慮是否設有職業限制、禁止與外國政治組織聯絡、參選前進行政治審查是否牽涉叛國及顛覆國家等活動。這些安排都有待制度上的仔細設計，以確保行政長官候選人政治上值得信賴，確保對國家及香港忠誠。

　　第二，豐富民意授權門檻的要求。現時關於民意授權門檻的討論及制度設計都集中在民意代表性一面。然而，考慮到國外不少民主政體的選舉經驗，行政首長的參選人資格要求中都會在民意授權門檻上對參選人的政治資歷有一定要求，確保參選人有一定政治閱歷及領導經驗來領導政府運作。例如：議會制國家要求議員出身；政黨初選及推薦的制度安排變相要求參選人在黨內有足夠知名度和領導權威等。

第三，增設經濟門檻的規定。參考國外不少民主政體的選舉規定，選舉經費及收受的政治獻金需要經過嚴謹的申報及公開程序，以確保資金不能來自外國政治勢力。另外，為了讓選舉更公平，也適宜提高選舉經費上限，或以公款來支付選舉經費。這可以減少參選人在政綱及政策立場上作出讓步及政治交易，以換取選舉經費的支持；與之同時，經費上限及公款支付選舉經費也避免了資金多少成為選舉勝敗關鍵，確保選舉更公平公正。

總之，很多國家／地區行政首長選舉都設定合法政治身份門檻、民意授權門檻和經濟門檻，但各種門檻的設定不宜違反平等原則。雖然《公民權利和政治權利國際公約》第 25 條（b）項曾被作了保留而不適用於香港，但香港基本法的有關內容對此有所突破。因此，行政長官選舉提名問題不能不考慮平等原則。香港在參選人資格要求上已有一定的規則，但仍有進一步優化和完善的空間。

| 註釋 |

1. 〈從"國安"立法建議看香港憲制責任〉，香港大公網，http://news.takungpao.com.hk/paper/q/2015/0123/2899459.html（最後訪問日期：2018 年 9 月 7 日）。

2. 資料來自有關國家／地區政府及主要政黨網頁，由林朝暉編製。

3. 主要政黨定義為：最近任何一次總統、副總統或立法委員選舉（取其一），其所推薦候選人得票數之和，應達該次選舉有效票總和百分之五以上。二個以上政黨共同推薦一組總統、副總統候選人者，各該政黨推薦候選人之得票數，以推薦政黨數除其推薦候選人得票數計算之。

4. 連署人數於第二項規定期間內，已達最近一次立法委員選舉選舉人總數百分之一點五者。此連署的連署人必須具名，且須造冊。

5. 資料來自有關國家／地區政府及主要政黨網頁，由林朝暉編製。

6. GRECO, (2009) *Evaluation Report on Germany on Transparency of Party Funding* (Theme II).

7. 《日本國憲法》第 5 章第 67 條。

8. 資料來自各國家／地區選舉法規及數據，由林朝暉編製。

9. 以 2015 年 4 月政府公佈的方案為基礎。

10. 《經濟學人》2014 年世界各國（地區）民主指數排名。

11. 第 19 條的內容：一、人人有權持有主張，不受干涉。二、人人有自由發表意見的權利；此項權利包括尋求、接受和傳遞各種消息和思想的自由，而不論國界，也不論口頭的、書寫的、印刷的、採取藝術形式的、或通過他所選擇的任何其他媒介。三、本條第二款所規定的權利的行使帶有特殊的義務和責任，因此得受某些限制，但這些限制只應由法律規定並為下列條件所必需：（a）尊重他人的權利或名譽；（b）保障國家安全或公共秩序，或公共衛生或道德。

12. 第 20 條內容：一、任何鼓吹戰爭的宣傳，應以法律加以禁止。二、任何鼓吹民族、種族或宗教仇恨的主張，構成煽動歧視、敵視或強暴者，應以法律加以禁止。

13. 〈李飛講話最擲地有聲內容：抗中央者不能當特首〉，香港大公網，http://news.takungpao.com/opinion/takung/2013-11/2058999.html（最後訪問日期：2018 年 9 月 7 日）。

14. 香港可持續研究中心劉麗怡小姐 2015 年 3 月 9 日於香港中文大學訪談香港中

文大學社會工作學系黃洪副教授記錄。

15. 田飛龍：《香港政改觀察——從民主與法治的視角》，香港：商務印書館（香港）有限公司 2015 年版，第 82 頁。

16. 饒戈平：〈人權公約不構成香港普選的法律根據〉，《中外法學》2008 年第 3 期，第 448-452 頁。

17. See Hong Kong Bar Association, *The International Obligations of the People's Republic of China in Respect of the Election of the Chief Executive in Hong Kong: Article 25 of the International Covenant on Civil and Political Rights: Analysis of the Hong Kong Bar Association*, in Hong Kong Bar Association, Submission of the Hong Kong Bar Association, Consultation Document on Methods for Selecting the Chief Executive in 2017 and for Forming the Legislative Council in 2016, Appendix, 轉引自林峰：〈《公民權利和政治權利國際公約》與香港行政長官選舉〉，《清華法學》2015 年第 5 期，第 117 頁。

18. 林峰：〈《公民權利和政治權利國際公約》與香港行政長官選舉〉，《清華法學》2015 年第 5 期，第 117 頁。

19. 同上。

20. 該條例第 21 條規定：凡屬永久性居民，無分人權法案第一（一）條所列之任何區別，不受無理限制，均應有權利及機會：（甲）直接或經由自由選擇之代表參與政事；（乙）在真正、定期之選舉中投票及被選。選舉權必須普及而平等，選舉應以無記名投票法行之，以保證選民意志之自由表現；（丙）以一般平等之條件，服香港公職。

21. 莊耀洸：〈什麼是符合國際標準的普選〉，載馬嶽：《民主十問》，香港：香港城市大學出版社 2016 年版，第 169 頁。

22. 聯合國人權事務委員會：〈大不列顛及北愛爾蘭聯合國提交有關香港的第四次定期報告的審議結論〉第 19 段，轉引自莊耀洸：〈什麼是符合國際標準的普選〉，載馬嶽：《民主十問》，香港：香港城市大學出版社 2016 年版，第 167 頁。

23. 林峰：〈《公民權利和政治權利國際公約》與香港行政長官選舉〉，《清華法學》2015 年第 5 期，第 121 頁。

24. 饒戈平：〈人權公約不構成香港普選的法律根據〉，《中外法學》2008 年第 3 期，第 456 頁。

25. 曹旭東：〈論香港行政長官普選討論中的若干爭議焦點〉，《當代港澳研究》2014 年第 3 輯，第 29-30 頁。

第三章

候選人若何依法產生

在現代民主社會，候選人（candidate）的產生是選舉政治最為重要的組成環節之一。通常，候選人作為在公權力機關代表或公職人員選舉中被確定為選舉對象的人員，除應具備特定的法定資格外，其正式產生亦需歷經若干的法定程序。2017年香港特別行政區行政長官選舉政改方案已於2015年6月在立法會被正式否決，此次政改以失敗告終。而回顧本次政改的整個過程，行政長官候選人的提名程序始終是最為關鍵的爭議點，社會各界針對行政長官提名制度設計，包括對參選人如何確定和候選人如何提名等問題均存在著較大的意見分歧。此次政改失敗，香港還要繼續落實普選行政長官的目標，未來普選方案中候選人如何產生也會是各派政治力量討論的焦點。我們認為關於產生行政長官參選人及候選人的制度設計應體現公正公平的原則，為此需要降低候選人提名門檻、增加參選人推薦方式。

—— 第一節 ——

行政長官候選人產生方式的方案

—— ● ——

在普選行政長官政改討論過程中，圍繞行政長官普選的候選人產生形式問題，香港社會爆發了持續的爭論，不同陣營之間更形成了較大的意見分歧。

一、民間的方案

2013 年 12 月 4 日，香港特區政府發表《2017 年行政長官及 2016 年立法會產生辦法諮詢文件》[1]，時任特區政府政務司司長林鄭月娥當天在立法會發表聲明宣佈，就上述兩個產生辦法展開為期五個月的公眾諮詢。2015 年 1 月 7 日，特區政府發表了《行政長官普選辦法諮詢文件》[2]，在這個階段，特區政府的政改小組形成了較為清晰的脈絡。香港特區政府 2015 年 4 月發表《行政長官普選辦法公眾諮詢報告及方案》[3]，再次向公眾諮詢。除了是否由提名委員會作為單一主體主導提名程序，社會各團體表達的火力還集中於參選人資格（也稱 "入閘" 門檻）和候選人資格（也稱 "出閘" 門檻）的設置。對於香港特區政府諮詢文件設計的提名程序，香港立法會內黨派及議員、社會團體及公眾人士大多認同將提名程序分為"確立參選人"和"提名候選人"兩個階段,下面闡述就此兩階段香港公眾的意見。

(一)關於"確立參選人"的意見

"委員推薦"關涉行政長官參選人的入圍門檻。在入圍參選人門檻方面,社會各界意見不統一。主要意見有,自由黨、香港中華出進口商會、劉遵義、麥嘉軒建議推薦門檻訂為八分之一提名委員會委員(即150名委員)支持。民建聯、吳亮星議員等認為門檻應為不少於十分之一提名委員會委員(即120名委員)支持。經民聯、新世紀論壇(以下簡稱新論壇)、勞聯等認為應降至100名委員。林大輝議員認為門檻可設在125名委員;新民黨政制發展研究小組則認為門檻可訂為100名或150名委員。經濟民生聯盟(以下簡稱經民聯)提出推薦階段,可儘量寬鬆,適度降低委員推薦所需數目,建議100名,這樣參選人最多可達12人,以避免個別參選人壟斷推薦數目。香港總商會、香港中華總商會、香港專業及資深行政人員協會、"13學者"、香港2020、陳文敏等均認為應降低推薦門檻。香港工業總會、香港中華廠商聯合會、立法會議員謝偉銓、香港城市大學李芝蘭教授都提出下限100人。郭偉強議員提出參選人至少有5%-12.5%的委員支持,每位委員推薦一名參選人。工會聯合會(以下簡稱工聯會)主張參選人應獲得5%提名委員會委員支持。

此外,香港的一些組織和人士也提出在提名委員會之外也可產生參選人的主張,如民主黨、人民力量主張地區直選中已登記選民總數的1%提名也可稱為參選人。公民黨主張由市民或政黨提名，提名委員會確認。

在推薦上限方面，工聯會、新民黨政制發展研究小組、新論壇、勞聯，香港專業及資深行政人員協會、香港2020、唐英年等均認為應設立推薦上限，即每名參選人最多只可取得一定數目委員推薦，讓更多有意參選人士參選。其中，工聯會、林大輝議員等提出每名參選人只可取得最多240名委員推薦。經民聯、新民黨政制發展研究小組、新論壇、勞聯、吳亮星議員等提出每名參選人只可取得最多200名委員推薦；謝偉銓議員提出每名參選人只可取得最多150名委員推薦。香港中華出進口商會提出參選人獲得提名委員會委員推薦的上限為300人。九龍社團聯會提出上限為300名委員的推薦主張。香港島各界聯合會提議獲得提名委員會委員推薦的上限為250人。香港專業及資深行政人員協會提出下限120人上限150人，這樣預計八至十人成為參選人。

（二）關於“提名候選人”的意見

對此問題，香港社會分歧較大，主要有以下四種意見。

1. 半數以上委員支持成為候選人

民建聯認為有意參選者獲得不少於十分之一，但不多於八分之一提名委員會委員的支持，方可被推薦成為“準候選人”；而提名候選人的“民主程序”，提名委員會作為一個機構，應以“過半數有效票”的方式去體現“少數服從多數”及提名委員會的“集體意志”。建議每名提名委員會委員可選一至四位“準候選人”，得票最高而同時獲過半數有效票的二至四人成為候選人。如少於二人獲得過半數有效票，則在未獲過半數票支持的"準候選人"中進行另一輪投票，直至產生二至四名候選人。

經民聯認為有志參選者若取得 100 或 120 位提名委員會委員（即最多只需十分之一的委員）支持，便能成為參選人；而合適的行政長官候選人數目應為二至四人，既可體現提名委員會的實質提名權，亦有真正競爭，讓選民有足夠選擇，同時也可避免選舉程序變得複雜和成本高昂。

工聯會認為提名委員會須有實質提名權，提名委員會須按民主程序提名。行政長官參選人應由提名委員會委員以個人名義推薦，得到百分之五委員支持，即可報名參與提名程序。所有報名人士均須附有一項聲明，表明會擁護《中華人民共和國憲法》、香港基本法和保證效忠香港特別行政區，以作為承諾能履行行政長官職責的法理及政治基礎。在提名階段，每名提名委員會委員以不記名方式投不多於候選人數目上限的票數；每名候選人必須獲得超過半數委員支持，候選人數目則為二至三人。

此外，九龍社團聯會、香港工商專業聯會、香港中小型律師行協會、林大輝議員等提出有意參選人士須獲得過半數提名委員會委員支持。

2. 八分之一以上委員支持獲得提名

"18 學者"、香港社會服務聯會等提出提名委員會可維持現行選舉委員會的八分之一提名門檻。八分之一"入閘"門檻是被提出頻率最高的提名方案。正如有的意見書寫道，要獲提名為行政長官候選人，可按照現行選舉委員會的做法，即最少需要得到八分之一提名委員會成員公開支持，這應該是最合理，亦是最容易讓港人達到共識的。八分之一的提名門檻，在理論的層面其主要依據應是路徑依賴。在實際的層面，香港泛民主派預計其可以取得八分之一的提名票。因此，一些人支持八分之一以及低於八分之一的“入閘”門檻。

3. 十分之一以上委員支持獲得提名

民主黨認為任何人如欲參選行政長官，可透過政黨提名（於2016年的立法會直接選舉中，獲得全港總有效票數百分之五或以上的政黨或政治組合，可以單獨或聯合提名一名候選人）、公民提名（門檻訂於全港登記選民人數的百分之一）或提名委員會提名，提名委員會須確認其為行政長官候選人。提名委員會提名門檻應儘量降低，獲得提名委員會內不分界別而總數不少於十分之一及不多於八分之一委員提名，即可成為行政長官候選人。香港2020、香港工業總會也提出提名門檻為提名委員會十分之一委員支持。

4. 得票較多者獲得提名

新民黨認為提名委員會必須擁有完整及實質的提名權，任何人符合香港基本法第45條規定，都可向提名委員會爭取提名，不應有其他前設。建議提名程序可分兩個階段：第一階段獲八分之一提名委員會委員推薦者，可爭取提名委員會推薦為行政長官候選人，推薦採用記名方式，每名委員只可推薦一人；第二階段提名委員會以一人一票不記名方式投票，建議提名人數為三至四人。

此外，關於提名委員會是採用記名投票還是無記名投票，社會各界存在意見分歧。例如民建聯、經民聯、自由黨、新民黨政制發展研究小組、吳亮星議員，香港律師會、新界鄉議局提交的書面意見認為應採用無記名投票；工聯會、香港大律師公會等則認為應採用記名投票。關於提名程序的透明度方面，新論壇、香港中華廠商聯合會、香港專業人士協會等認為應採取措施以增加提名程序的透明度；經民聯提出要保證提名程序的透明度，如提供適當平台讓所有參選人有公平機會向提名委員會及市民展示其政綱和理念等。還需提及的是在具體提名程序方面，也有不同意見。民建聯、工聯會、自由黨、香港專業及資深行政人員協會等均認為提名委員會應採用"一人最多三票"方式投票選出二至三名候選人；香港總商會建議採用"一人最多三票"或"逐一表決"；新論壇香港廣東社團總會、香江智匯、香港各界婦女聯合協進會、劉遵義、麥嘉軒等認為應採用"逐一表決"的投票方式；勞聯、謝偉銓議員、新界鄉議局、香港工業總會、唐英年等等提出採用"一人二至三票"的投票方式；吳亮星議員提議採用"全票制"（即"一人三票"）；經民聯建議採用"一人三票"或"逐一表決"的投票方式；新民黨政制發展研究小組則提出提名委員會採用"有限投票制"（或"一人兩票"）方式選出二至三名候選人；香港中華出進口商會建議正式候選人應為兩名，提名委員會採用一人兩票的全票制不記名投票；香港南區聯會建議每名提名委員會委員對每一個參選人進行逐一表決；香港中華總商會提議每名提名委員會委員一人投二至三票，每名委員不可重複選同一參選人；香港工業總會贊成一人投二至三票；梁愛詩建議採用全票制產生行政長官候選人；香港中華廠商聯合會提議全票制。

二、官方的方案

中央政府對香港特區政制改革予以高度重視。國家主席習近平於 2013 年 12 月 18 日在中南海會見前往北京述職的時任香港特區行政長官梁振英時指出，中央政府在 2017 年香港特別行政區行政長官普選問題上的立場是一貫的、明確的，希望香港社會各界人士按照香港基本法和全國人大常委會決定務實討論，凝聚共識，為順利實現行政長官普選打下基礎。[4] 時任全國人大常務委員會副秘書長兼香港基本法委員會主任李飛先生於 2013 年 11 月在結束訪港的總結行程記者會上，被問及"公民提名"是否可行時明確指出，香港基本法只將普選行政長官候選人的提名權授予了提名委員會，而提名委員會是以機構提名的依據已體現在香港基本法第 45 條的條文中。他又表示，只要按香港基本法規定，港人可選出中央信任、有管治能力的行政長官。[5]

此外，中央官員又在不同的場合重申了提名委員會的作用在於確保香港特區的行政長官能由"愛港愛國"的人士擔任，強調"愛港愛國"是行政長官候選人的重要標準。香港回歸以來，中央一直強調行政長官人選要符合三個標準：愛國愛港、中央信任、港人擁護。然而，"愛港愛國"作為一個非法律用語的政治性原則，在法律層面不容易對其進行清晰界定和有效操作。為清楚闡明"愛港愛國"原則的含義，時任全國人大法律委員會主任委員喬曉陽先生於 2013 年 3 月 24 日在深圳會見香港特區建制派立法會議員時發表了專門講話，指出："愛國愛港是一種正面的表述，如果從反面講，最主要的內涵就是管理香港的人不能是與中央對抗的人，再說得直接一點，就是不能是企圖推翻中國共產黨領導、改變國家主體實行社會主義制度的人。井水不犯河水。鄧小平不止一次強調，‘一國兩制’要講兩個方面都不變，既要保持香港原有的資本主義制度不變，也要保持中國共產黨領導下的具有中國特色的社會主義制度不變，這是對所有人的要求，更是對管理香港的人的要求。”[6]其後，李飛先生於 2013 年 11 月訪港時在與政府主要官員及部門首長舉行的一次座談中重提“愛國愛港”人士任行政長官是基本要求，強調與中央對抗的人不能任行政長官，並首次從法律觀點的角度提出“堅持行政長官必須由愛國愛港人士擔任，是一國兩制方針政策和香港基本法現行規定的要求”[7]。由此可見，中央政府不能允許與中央對抗的人擔任行政長官的立場是明確的、一貫的。為了保障行政長官人選是愛國愛港者，全國人大常委會在“831 決定”中要求候選人必須獲得提名委員會半數以上委員的提名。

在政改諮詢初期，香港特區政府官員在公開場合所發表的言論顯示，特區政府並無關於行政長官候選人提名機制的既定方案，亦歡迎各種各樣的意見在公眾諮詢期間被提出和討論，而前提是這些意見或方案必須是符合香港基本法的有關規定的。[8]例如，時任香港特區政制及內地事務局局長譚志源先生於 2014 年 1 月 3 日參加一個電視訪談節目時就表示，依照香港基本法，提名委員會是提名候選人的唯一渠道，只要方案不繞過提名委員會，不把提名委員會變成橡皮圖章，皆可進行探討。他舉例稱，湯家驊先生及香港基本法委員會委員陳弘毅教授的方案都可以探討；有人提出以“公民推薦”取代“公民提名”，承認提名委員會有最終決定權，這樣不涉及違憲，也可以探討，但還需研究是否因此削弱了提名委員會的提名權。[9]但隨著政改諮詢的深入，特區政府在對待"提名委員會提名機制"以外包括公民提名及政黨提名在內的提名方案的立場，逐漸從一開始保持不評論原則的"曖昧"態度逐漸走向立場明朗化。最主要的標誌性事件是時任香港特區律政司司長袁國強先生於 2014 年 1 月 29 日在香港多份報章以"公民提名與政黨提名"為題撰文反駁公民黨與香港 2020 所提出的"政團提名"和"公民提名"符合香港基本法對提名委員會須"按民主程序"提名的規定的觀點，指斥這些觀點似乎混淆了"提名權"和"提名程序"，及"提名"與"推薦"的不同概念。[10]

為落實香港基本法和全國人大常委會的有關決定，在徵求廣大市民意見後，香港特區政府在 2015 年 6 月向特區立法會提交《中華人民共和國香港特別行政區基本法附件一香港特別行政區行政長官的產生辦法修正案（草案）》。此次提交立法會審議、表決的政改方案內容如下：一、從 2017 年開始，行政長官由一個有廣泛代表性的提名委員會按民主程序提名後普選產生，由中央人民政府任命。二、提名委員會委員共 1,200 人，由下列各界人士組成：工商、金融界 300 人；專業界 300 人；勞工、社會服務、宗教等界 300 人；立法會議員、區議會議員的代表、鄉議局的代表、香港特別行政區全國人大代表、香港特別行政區全國政協委員的代表 300 人；提名委員會每屆任期五年。在提名委員會五年任期內，如因行政長官缺位而依法進行補選，新產生的行政長官的任期為原行政長官的剩餘任期。三、提名委員會各個界別的劃分，以及每個界別中何種組織可以產生提名委員會委員及其名額和產生辦法，由香港特別行政區根據民主、開放的原則制定選舉法加以規定。各界別法定團體根據選舉法規定的分配名額和產生辦法自行選出提名委員會委員。提名委員會委員以個人身份履行職責。四、不少於 120 名且不多於 240 名提名委員會委員可以聯合推薦產生一名行政長官參選人。每名委員只可推薦一人。提名委員會從上述獲推薦產生的參選人中，以無記名投票方式提名產生二至三名行政長官候選人。提名委員會每名委員最少須投票支持兩名參選人，最多可投票支持全部參選人。每名候選人均須獲得提名委員會全體委員半數以上的支持。具體提名辦法由選舉法規定。五、香港特別行政區依法登記的合資格選民，從提名委員會提名的行政長官候選人中，以無記名投票方式選出一名行政長官人選。具體選舉辦法由選舉法規定。此方案雖然有利於推進香港民主進程，但因未獲立法會通過，直接導致 2017 年行政長官選舉仍然採用原來的選舉制度。

基本法第 45 條 "民主程序" 的涵義

———— • ————

為落實 "831 決定",特區政府的政改方案要求 "每名候選人均須獲得提名委員會全體委員半數以上的支持"。為候選人 "出閘" 設置如此高門檻的理論依據是香港基本法第 45 條中 "民主程序" 的要求。其實此處的 "民主程序" 並沒有特定內涵,解讀出 "少數服從多數" 的意涵甚是牽強。

一、為候選人 "出閘" 設置高門檻的原因

2017 年行政長官普選方案不幸於 2015 年 6 月未能在立法會獲得通過,香港泛民主派議員不支持此次行政長官普選方案的主要原因在於官方方案要求 "每名候選人均須獲得提名委員會全體委員半數以上的支持",他們認為按此規定泛民主派人士不可能成為候選人。在提名委員會大多是建制派人士的情況下,如此的制度安排必然把泛民主派人士排除在外。此次政改未能實現行政長官在 2017 年由普選產生,香港還要繼續落實普選行政長官的目標。未來普選方案中提名委員會的提名程序事關準候選人的 "出閘",也會是各派政治力量討論的焦點。

為什麼有關方面設計如此高的"出閘"門檻？時任全國人大常委會副秘書長、基本法委員會主任李飛先生曾闡述提名委員提名可以降低普選的三個憲制風險[11]的功效，可用來解釋如此安排的目的：第一，降低政治對抗的風險。貫徹落實"一國兩制"，就必須求大同、存大異，兩種社會制度不搞對抗，香港與中央之間不搞對抗，香港社會內部不搞對抗。香港基本法規定由一個有廣泛代表性的提名委員會提名行政長官候選人，這個提名委員會是超黨派的，有利於提出各方都能接受的行政長官候選人，降低政治對抗的風險。第二，降低憲制危機的風險。行政長官在香港本地普選產生後，還要報中央人民政府任命，而且這種任命是實質性的。香港基本法規定行政長官候選人由一個有廣泛代表性的提名委員會按民主程序提名後普選產生，這個提名委員會由社會各界人士組成，可以對行政長官候選人的資格條件進行比較全面的考慮，從而降低經普選產生的行政長官人選不獲中央政府任命而導致憲制危機的風險。第三，降低民粹主義的風險。要保持香港的經濟地位，必須靠自由港、低稅制來吸引外來投資，必須保障和平衡社會各階層、各界別、各方面的政治經濟利益，不能搞民粹主義。行政長官提名委員會按照均衡參與原則組成，社會各階層、各界別在提名行政長官的候選人時有比較均等的發言權，有利於平衡各種訴求，降低普選導致民粹主義的風險。要充分發揮提名委員會這三個方面的作用，就必須堅持提名委員會按照四大界別等比例組成，必須堅持提名委員會提名行政長官候選人要反映機構提名的性質。

　　以上是對行政長官候選人設置高門檻的政治性解釋，此外還有學理性解釋。有學者指出，根據香港基本法第 45 條第 2 款的規定，行政長官的產生辦法根據香港特別行政區的實際情況和循序漸進的原則而規定，最終達至由一個有廣泛代表性的提名委員會按民主程序提名後普選產生的目標。香港基本法第 45 條規定的 "民主程序" 應當體現 "少數服從多數" 的原則，機構決策符合民主程序要求的最常用的辦法就是多數決定（decision of majority）。顯然，按照 "過半數" 的要求產生行政長官候選人，既符合香港基本法的立法原意，也體現 "少數服從多數" 的民主程序要求。[12] 也有人指出，普選時的行政長官候選人由 "提名委員會按民主程序提名"，什麼是 "民主"？國際社會對 "民主" 的共識就是 "少數服從多數"。[13] 還有人指出，民主程序而言，建制派普遍認為，按照民主集中的原則，"民主程序" 可以理解為 "少數服從多數"。[14] 把此處的 "民主程序" 理解為 "少數服從多數" 者甚多，但只是民間的解讀。強世功教授還出來澄清官方沒有作出如此的解讀。他說，喬曉陽主任沒有講香港基本法第 45 條中的 "民主程序" 就是 "少數服從多數"。[15]

二、"民主程序" 並非要求少數服從多數

怎樣準確理解香港基本法第 45 條中 "民主程序" 的含義？此處的 "民主程序" 就是少數服從多數嗎？由此就能得出候選人就得獲得提名委員會全體委員半數以上的支持嗎？我們認為此處的 "民主程序" 沒有特定的含義。在香港基本法中還有 "法律程序"（如第 30 條）等詞，只是起到修飾作用。如果對此處

的 "民主程序" 加以解讀，也可作多種解讀。北京大學法學院饒戈平教授提出香港基本法第 45 條對 "民主程序" 並無明確定義，他個人認為，應採用 "逐個陳述，逐個表決" 的形式。他主張每名行政長官參選人都享有平等機會向提名委員會陳述自己的政見，提名委員會對每名參選人進行逐個表決，得票最多的幾名參選人可成為行政長官候選人。這樣既可以保障全體提名委員會委員的知情權，也可保障參選人享有平等機會陳述政見。逐個陳述、逐個投票的過程都向香港社會公開，體現全體選民對提名委員會工作程序的知情權和監督權。[16] 全國人大常委會基本法委員會委員、香港大學法學院陳弘毅教授也指出，"機構提名" 加上 "民主程序" 並不意味著普選行政長官時的提名門檻一定會比現有制度下由選舉委員會選舉行政長官的提名門檻更高，或一定會有一個所謂的 "篩選" 程序。[17] 此外，由提名委員會全體委員對參選人投票，獲得一定比例（二分之一、四分之一、或八分之一等）支持票者也可成為候選人，這些也是 "民主程序" 的內涵。有學者對 "民主程序" 進行專門研究後指出，民主程序不只有少數服從多數一種決策機制。民主程序分兩部分：投票和計票。民主首先強調的是所有參與者按照自己的意志投票，即自我做主，在這裏指所有提名委員按照自己意志投票；其次獲得多少票數算是勝出是一個計票方法問題，過半數通過是常用的一種方法，但除此之外還有其他的方法。以比例代表制為例，其計票的方法就是按照相應的比例獲得相應的票數，在此計票方法下，亦無法否定當選者是按照 "民主程序" 勝出的。[18]

由以上可見，香港基本法第 45 條中 "民主程序" 沒有特定的內涵，即使把其解讀為"少數服從多數"，也不能得出候選人須獲得提名委員會全體委員半數以上支持的結論。針對此，有觀點認為提名委員會提名是機構提名，必須體現集體意志。雖然法律文件中沒有明確"機構提名"，但法律規定的表述中"提名委員會提名行政長官候選人"，主語是"提名委員會"，無論怎樣理解"提名委員會"，它都是指一個機構。[19] 為了體現機構的意志，候選人須獲得提名委員會全體委員半數以上的支持，類似如此的解讀值得商榷。雖然香港基本法第 45 條規定是提名委員會提名，但這並不必然要求候選人須獲得具體比例委員的支持，更沒有要求候選人須獲得半數以上委員的支持。此外，如此的制度安排把"提名"與"預選"相混同，在理論上也難以說得通。北京大學法學院陳端洪教授指出，提名權發展的基本邏輯是代表性問題，但這種代表性是一定程度的代表性，[20]而未必是程度很高的代表性。候選人須獲得提名委員會全體委員半數以上的支持，就是把提名所要求的一定程度的代表性搞成了很高程度的代表性。

我們不否認提名有篩選的功能，但如果提名機制把社會一重要派別人士全部篩掉，那麼這樣的提名機制不僅難以服眾，還會引致強烈的反對。香港中文大學政治與行政學系高級導師、時事評論員蔡子強先生認為，如果 2017 年行政長官普選以一個組成保守的提名委員會、高提名門檻、預選（篩選）來控制提名，讓中央不接受的人 —— 例如泛民主派人士 —— 被拒諸門外，只容少數兩三個建制派候選人角逐，是明顯抵觸現代選舉政治中的"選舉能為選民提供實質的選擇"原則，這樣的選舉不能被視為民主選舉。[21] 香港"學民思潮"成員、評論員劉貳龍在《明報》撰文激烈反對提名委員會機制的設置。他在文中表示，中央及港府聯手篡改了提名委員會組成辦法及揀名程序，大肆僭建"機構提名"、"集體意志"、"限制特首候選人數目"、"應當由四大界別組成"等規定於香港基本法及人大常委決定之上，將維護一己私利的政治要求強植於香港基本法裏，企圖以法律包裝政治，向有意參選行政長官的人，設置很多不合理的關卡，篩掉中共不合心意的人，違反選民參選不應受不合理限制的普選國際標準。他又認為，若真要準確了解民意，就必須給香港居民直接表達意向，香港應該以全民公投政改方案的形式來彰顯香港居民"集體意志"。[22] 這些言論有不當的成分，如普選國際標準、香港全民公決等，但也並非完全沒有道理。"在政改問題上，人大常委會決定的權威性雖然沒有在法律層面上受到挑戰，但許多香港法律人認為它不是對'基本法'的解釋，而是新的立法，因為它增添了新的內容，而且沒有以充分說理的方式論證新內容為什麼可以從'基本法'文義中推演出來。"[23] 我們也應注意到香港一些市民對此的強烈反對，更為嚴重的是香港市民的反對不只是停留在口頭，還發動了長達兩個多月的"佔領中環"運動，給香港法治帶來一定的破壞，還引致很多港人反對的政改方案自然無法在立法會獲得三分之二多數通過，這是各方事先就預料到的，意外的只是在表決時建制派議員大多臨時退場。

行政長官候選人產生方式的設想

———— • ————

　　2017 年行政長官普選方案在立法會未獲得通過，結合此次失敗的原因，根據香港基本法和香港社會的實際，我們有必要探討未來行政長官普選方案應作怎樣的調整，以期香港行政長官普選早日實現。參照全國人大"831 決定"和香港特區政府所發佈的行政長官普選選舉辦法諮詢文件，對香港基本法第 45 條有關行政長官普選時候選人產生形式的規定作更進一步的規範分析可知，普選的行政長官候選人產生形式實際上可以分為推薦和提名兩道程序。所謂提名程序比較好理解，就是提名委員會通過法定程序從合資格的行政長官參選人中提名產生正式候選人，即一般所講的"出閘"。所謂推薦程序則是指，獲得一定數量提名委員會委員的具名推薦即成為行政長官參選人，即一般所講的"入閘"。無論是"入閘"，還是"出閘"，其制度設計應體現公正公平的原則，為此需要增加參選人推薦方式、降低候選人提名門檻。

一、堅持公正公平的原則

現代選舉所推崇的原則，無外乎普遍、平等、自由、公正。在論及香港選舉制度的時候，人們往往忽視了香港的法治傳統所賦予其選舉制度的公正公平。在由選舉委員會提名和選舉產生香港行政長官的時候，香港的行政長官選舉已經具有了民主競爭的特質。民主競爭表現在電視轉播競選辯論，表現在公開拉票。香港泛民主派人士積極參加選舉委員會功能組別選舉。泛民派人士梁家傑、何俊仁也曾成為行政長官候選人。由國際議會聯盟理事會（Inter-Parliamentary Council）於 1994年採納的《有關自由及公平選舉的準則宣言》（Declaration on Criteria for Free and Fair Elections），當中指出要 "成立一個中立、公正、平衡的機制來管理選舉"（establishment of a neutral, impartial or balanced mechanism for the management of elections）。1997 年以前，作為英國殖民統治之地，香港借鑒和承繼了英國經驗，以司法界和中立人士來主持和處理選舉，而且不限於選舉劃界，還包括處理其餘選舉日常實務，接受投訴等。1997 年回歸後，香港特區政府正式設立了 "選舉管理委員會"。該委員會為保證中立，規定擔任主席的人選必須是高等法院法官，而且行政長官在委任主席前必須諮詢終審法院首席法官的意見。另外，還規定在行政長官選舉中曾獲提名為候選人、選舉委員會委員、行政會議成員、立法會議員、區議會議員、任何政治性團體的成員、積極從事政治活動的人、香港以外任何地方的國家級、地區級或市級國會、立法機關、議院或議會的成員、全國政協委員、任何國家的武裝部隊成員等等都不能擔任選管會成員。

　　根據選舉管理委員會的要求，在宣傳各類選舉的參選人時，為符合“公平及平等對待”的原則，廣播機構在邀請某一候選人出席以選舉為主題的節目時，須通知同一選區內的其他候選人同時出席這個節目，讓所有候選人有平等機會亮相。同時，廣播機構應按照“公平及平等對待”的原則製作整個節目，特別是應按該原則給予出席節目的每位候選人“相等時間”陳述其參選政綱。在選舉中，選舉管理委員會要求印刷媒體不應向任何候選人提供不公平的優待，候選人在競選活動方面也不應從出版人方面獲取不公平的優待。為保證選舉的公平公正，香港特區政府為每位候選人均提供免費郵遞服務一次、選舉事務處亦會把每位候選人的基本資料及政綱上載上網，供公眾查閱。候選人亦會獲平均分配“公眾地方”，以懸掛街板和張貼海報宣傳（私人地方不受此限）。在立法會選舉時，公營廣播機構香港電台亦會舉辦候選人選舉論壇，在電視和電台分別廣播。

　　由以上可知，公平公正公開原則是香港選舉的傳統，是香港法治精神的體現。我們認為，在設計香港行政長官的民主提名程序時，宜繼續堅持此原則。未來，行政長官候選人提名程序的原則應該是儘量開放和透明，並儘量讓政治上持不同意見的人士有公平參與的機會，發揚香港選舉政治的良好傳統。

二、降低候選人提名門檻

　　公平公正是香港選舉的傳統，也是香港法治精神的體現。我們認為，行政長官候選人的入圍門檻不宜太高，讓香港主要政治派別都有自己的候選人參加到行政長官選舉。既定規則要求行政長官候選人必須獲得提名委員會半數以上委員支持，自然有其道理和裨益，正如李飛先生所言，"提名委員會的廣泛代表性決定了任何政團或利益團體都無法獲得提名委員會半數以上的席位，過去幾次選舉委員會的組成情況也表明，沒有任何一個政團或利益團體可以控制選舉委員會。現在這個決定規定要有過半數支持，這意味著任何政團參選人同獨立人士一樣，不可能只靠其政團在提名委員會內佔有的席位獲得提名，這不僅是提名委員會作為一個機構行使提名權的要求，而且有利於提高提名委員會委員權利的平等性，有利於提高符合法定資格的人向提名委員會爭取提名的平等性，從而保障提名制度的公平和公正。"[24] 但如此的要求直接致使泛民主派人士難以成為候選人，從他們的角度而言，如此的制度設計很可能是不公平、不公正的。同樣現實的問題是，如此的制度安排極難在立法會獲得三分之二多數通過，香港行政長官普選無法實現。總之，無論是從制度的正當性，還是從政制發展的現實需要而言，行政長官普選時的提名門檻都應降低。

行政長官普選時的提名門檻降低到何種程度呢？我們認為未來行政長官普選方案把此門檻降低到八分之一提名委員會委員支持是合宜的。我們的主要理由如下：第一，能夠保持選舉的歷史傳統。香港回歸後的歷次行政長官選舉制度，都規定候選人必須獲得選舉委員會八分之一以上委員提名。第二，提高普選的真實性。泛民主派在目前的選舉委員會約佔27%，[25] 這些委員基本上屬泛民主派中的溫和人士，這樣的門檻能夠讓泛民主派中的溫和人士"出閘"。在歷史上的兩次行政長官選舉中都各有一名泛民主派人士成為候選人，泛民主派人士成為候選人，質疑普選的真實性就不會有市場。第三，可以吸引更多選民投身選舉。降低候選人提名門檻，會令香港選民真切地感受到普選是有的選，因為這是在不同政治派別候選人中選擇行政長官。這也會激發更多選民投身於選舉中，既能保障全港普選的順利進行，也可以增強行政長官的認受性。第四，此政改方案能夠在立法會獲得順利通過。堅持提名委員會提名，否定政黨提名、公民提名等提名方式，不可避免會遭致有些激進泛民主派組織的反對，但應會獲得在泛民主派佔多數的溫和泛民主派組織的認同，也會獲得立法會三分之二多數議員的支持。

降低候選人門檻，是對"831決定"規定行政長官候選人必須獲得提名委員會半數以上委員支持的改變，自然就關涉"831決定"的效力時限問題。關於此問題有兩種不同的觀點，一種觀點認為"831決定"僅僅是2017年的這一輪普選政改的法律依據，無論本次政改成功與否，該決定都不再指向下一輪的政改。其理據總結如下：第一，"831決定"是在時任香港特區行政長官梁振英所提交的《關於香港特別行政區2017年行政長官及2016年立法會產生辦法是否需要修改的報告》而做出的決定，這一決定有非常清楚的時間指向即2017年的行政長官選舉和2016年的立法會選舉。第二，決定前面的說明也處處充滿著涉及到具體時間點的表述，顯然是有清楚的時間指涉的。第三，關於2017年普選安排的具體規定中明確"提名委員會的人數、構成和委員產生辦法按照第四任行政長官選舉委員會的人數、構成和委員產生辦法而規定"。由此可見，此一決定僅針對第五任行政長官的普選。否則的話，第五任行政長官仍然無法實現普選，則該規定適用於第六任行政長官普選，而這顯然從嚴格的語義解釋上是說不通的。第四，尤其是"831 決定 第五部分涉及到非常具體的 2016 年第六屆立法會地產生辦法和表決程序，繼續適用第五屆立法會的產生辦法之規定，已經非常清楚地表明了該決定的效力空間和效力時間，根據體系解釋的精神，也證成了前述涉及到第五任行政長官的決定不能適用於未來的其他任行政長官之選舉。

而另一種觀點認為，"831 決定"不僅可作為本輪政改的法律依據，還可以作為未來任何時間啟動的行政長官和立法會"雙普選"的法律依據（起碼可以作為未來首輪"雙普選"的法律依據）。其理由主要有：第一，全國人大常委會的決定不會隨著香港特區政改第三步止步不前而自然失效，它作為中央的立法，具有獨立於香港政改後續步驟的效力。第二，"831 決定"明確規定："從 2017 年開始，香港特別行政區行政長官選舉可以實行由普選產生的辦法。" 看規範文義，"從……開始"這一規定似乎意指 "831 決定"決定不僅管某一輪政改，而可指向未來一定歷史時期任何時候所啟動的普選政改。第三，"831 決定"既然是全國人大常委會的立法，其自然有權威性和穩定性，是經過全面考評以後的重大法律決定，不會因時因勢而隨意改變的。

我們認為 "831 決定"的關於行政長官普選的規則可以規範 2017 年以後的行政長官普選，但其內容不是不可改變的。只要全國人大常委會將來就香港行政長官普選作出新的規定，"831 決定"的有關內容就不再有約束力，這是根據新法優於舊法的原則。時任香港特區律政司司長袁國強先生於 2015 年 2 月 6 日

在與李飛等中央官員就本港政改問題交換意見後向媒體表示，
2017 年落實行政長官普選不代表是終極方案。[26] 袁國強在 2015
年 3 月見傳媒時再次指出，無論 2017 年、2022 年或以後的政
改安排，均可根據基本法第 45 條和附件一第七條，以及政改
"五步曲" 修改，"法律其實是很清楚的，2017（年）這一個並
非終極方案，大家可以絕對放心。"[27]

我們應降低提名門檻，盡量讓政治上不同意見的參選人有
"出閘" 的機會，包括溫和泛民主派人士。對此，有人肯定會擔
心與中央對抗者當選行政長官。我們認為對此不必擔心，因為
我們設計的 "守門" 方案是綜合性的系統防守方案，除了在提
名環節外，還包括普選環節和任命環節。這種多環節防守的設
計，能夠避免與中央對抗者成為行政長官。此外，即使提名門
檻降到八分之一，也只有溫和泛民主派人士能夠成為候選人。
李飛先生 2014 年 8 月 21 日在深圳表示，我們從來認為，泛民
主派的大多數人是愛國愛港的。[28] 作為泛民主派中的溫和人士
自然應列入愛國者之列。再者，類如湯家驊先生等溫和泛民主
派人士，在香港獲得較高的社會認同，同時也能夠與中央政府
溝通，未來的行政長官人選不宜把他們排出在外。

三、增加參選人推薦方式

香港特區政府在 2015 年 4 月 22 日發表的《行政長官普選
辦法公眾諮詢報告及方案》對行政長官提名的民主程序分為 "委
員推薦" 和 "委員會提名" 兩個階段，其中 "委員推薦" 是由
提名委員會委員推薦參選人。成為行政長官參選人的資格門檻

是獲得 120 名提名委員會委員以個人身分記名聯合推薦即可成為行政長官參選人，每名委員只可推薦一名參選人，每名參選人可獲得的委員推薦數目上限為 240 名。

由提名委員會委員推薦產生行政長官參選人無疑是可以的，在此途徑之外，我們還可以尋求其他途徑以增加參選人的推薦方式，這既是堅持公平公正原則的需要，也是擴大民主的需要。我們認為，未來香港特區行政長官普選參選人的產生形式，可以以特區政府在最近一次政改中所提出的方案為基礎，加以改進。改進的內容是在保留"委員推薦"的同時，引入"政黨推薦"和"市民推薦"。"政黨推薦"，就是立法會直選中獲5% 以上有效票的政黨單獨或聯合提名向提名委員會推薦一位參選人。"市民推薦"是不少於 1% 合資格選民向提名委員會推薦一位參選人。為了限制此推薦權被濫用，規定必須向選舉管理委員會交押金 20 萬元，如果所推薦的人不能成為候選人，則沒收此押金。

我們提出此改進方案的理由如下：第一，此種改進方案不違反香港基本法。關於行政長官普選，香港基本法只作原則性規定，行政長官人選由提名委員會按民主程序提名後普選產生，最後由中央政府任命。至於被提名者（參選人）如何產生，香港基本法沒有具體規定，留有很大的制度空間。就是"831 決定"也未對此加以規定，引入"政黨推薦"和"市民推薦"也不涉及違反此決定的問題。第二，"政黨推薦"和"市民推薦"具有較廣泛的民意基礎。這其實是香港某些社會組織的主張，如社民連、民協、公民黨、人民力量、街坊工友服務處等眾多組織就提出如此的意見。此外，如第一節所述，就候選人產生問題，香港社會有強烈的意見要求加入"政黨提名"和"公民提名"，增加"政黨推薦"和"市民推薦"方式產生參選人在一定程度上也是對主張"政黨提名"和"公民提名"者的尊重，必然贏得他們的認同。第三，"政黨推薦"和"市民推薦"無疑擴大了提名階段的民主成分。因為在堅持"委員推薦"的同時，引入"政黨推薦"和"市民推薦"，這不僅豐富了參選人產生的途徑，而且也會為行政長官選舉準備更多的參選人。這種擴大了的民主是可控的，因為參選人必須獲得一定比例的委員支持（如八分之一）才可以成為候選人。第四，"政黨推薦"能夠促進香港政治生態的改善。雖然香港沒有政黨法，但根據《行政長官選舉條例》等本地法律，判斷一個組織是否是政黨已有法定的標準。[29] 香港政黨一般是通過《社團條例》或《公司條例》註冊成立。雖然香港政黨數量較多，對政制的控制力越來越強，但在香港基本法和本地法的框架下，香港政黨在行政長官候選人提名過程中唯一可以參與的就是行政長官參選人的推薦。香港本地有關法制對香港政黨政治的發展是抑制的，[30] "政黨推薦"為政黨發揮向政府輸送管治人才提供了政制空間。"政黨推薦"也讓政黨看到獲得行政權的希望，有利於促使它們改變習慣於扮演反對派的角色，從而促進香港政治生態的改善。

總之，2017 年行政長官普選方案未能在立法會獲得通過主要在於泛民主派議員對"每名候選人均須獲得提名委員會全體委員半數以上的支持"的規定不滿。泛民主派認為，在提名委員會大多是建制派人士的情況下，如此高的提名門檻必然把他們排除在外。我們不否認提名有篩選的功能，但如果提名機制把社會重要派別人士全部篩掉，那麼這樣的提名機制不僅難以服眾，還會引致強烈的反對。在目前香港還沒有就國家安全進行立法的情況下，鑒於香港政治生態的特點，中央政府對行政長官人選秉持審慎的態度是必要的，但完全靠把控提名程序的單獨 "守門" 的做法可能需要改進。過高的門檻必然會讓很多港人感覺到自己處於建制以外，他們自然就會對中央政府產生疏離或對立的情緒，不僅不利於香港人心回歸，甚至還會把這些港人推向支持 "港獨" 或同情 "港獨" 的陣營。面對香港出現 "港獨" 勢力的新形勢，對港工作的政策也應有新的調整，要將泛民主派中的溫和組織和人士作為團結的中堅力量。結合行政長官普選制度而言，我們建議降低候選人提名門檻，並增加參選人推薦方式，讓更多港人參與到普選中，並親身感受到普選的真實性。這十分有利於贏得更多港人對中央政府的認同，並能夠最大程度消解支持 "港獨" 和同情 "港獨" 的勢力。

| 註釋 |

1. 在這一階段諮詢文件只是向社會公眾拋出政改需要考慮的議題，而不是給出具體的可操作方案。對於 2017 年的行政長官產生辦法，政府諮詢文件提出的議題包括 —— 提名委員會的人數和組成；提名委員會的選民基礎；提名委員會的產生辦法；提名委員會提名行政長官候選人的程序；普選行政長官的投票安排；任命行政長官的程序與本地立法的銜接；以及行政長官的政黨背景。

2. 對於提名委員會提名行政長官候選人的程序，政改諮詢文件的議題細化為：（1）提名委員會提名行政長官候選人的具體程序，是否分為"委員推薦"及"委員會提名"兩個階段？（2）是否採用獲得 150 名提名委員會委員具名推薦即可成為行政長官參選人的方法，或適度降低所需委員具名推薦的數目至 100 名？（3）是否應設推薦上限，即每名委員是否只可推薦一名參選人？（4）視乎委員推薦階段所需的委員推薦數目是 100 或 150，是否規定每名參選人獲得委員推薦數目的上限？（5）提名委員會是作為一整體機構提名候選人，是否需要採取召開全體會議的方式進行提名，並提供適當平台讓參選人有公平機會向提名委員會全體委員，以至市民大眾解釋其政綱和理念，爭取支持？（6）候選人數目是否二至三人皆可？（7）提名委員會採用投票方式產生行政長官候選人，應採用記名或不記名方式？（8）是否以"一人三票"、"一人二至三票"、"一人最多三票"、"逐一表決"的投票程序，或其他程序，產生二至三名候選人？（9）如沒有參選人獲得提名委員會全體委員過半數支持，或只有一名參選人獲得提名委員會全體委員過半數支持，應如何處理？

3. 諮詢方案主要內容如下：（1）提名委員會的構成及產生辦法。由 1,200 人組成的提名委員會按照現時選舉委員會四大界別共 38 個界別分組組成；各界別分組和界別分組的委員數目維持不變；38 個界別分組的委員產生辦法不變。（2）提名委員會提名行政長官候選人的程序。提名委員會作為一個機構整體提名行政長官候選人；提名程序分為"委員推薦"和"委員會提名"兩個階段。（3）"委員推薦"。獲得 120 名提名委員會委員推薦，即可成為行政長官參選人。每名委員只可推薦一名參選人，而每名參選人可獲得的委員推薦數目上限為 240 名。這代表制度可容許最少有五個和最多有十個參選名額。（4）"委員會提名"。提名委員會採用無記名投票方式提名產生二至三名行政長官候選人。每名委員最多可投票支持所有參選人，但亦可只支持部分參選人。每名委員最少應支持兩名參選人。獲得提名委員會全體委員過半數支持並獲得最高票的二至三名參選人成為候選人。（5）普選投票安排。全港 500萬合資格選民可從提名委員會提名的二至三名候選人，透過"一人一票"以

"得票最多者當選"的方式選出行政長官人選。

4. 〈習近平會見梁振英、崔世安〉，人民網，http://cpc.people.com.cn/n/2013/0319/c64094-20831390.html（最後訪問日期：2018 年 9 月 7 日）。

5. 〈李飛：提名權只授提委會〉，香港明報網，https://life.mingpao.com/general/article?issue=20131124&nodeid=1508344385842（最後訪問日期：2018 年 9 月 7 日）。

6. 〈喬曉陽在香港立法會部分議員座談會上的講話〉，香港鳳凰網，http://news.ifeng.com/hongkong/detail_2013_03/28/23613582_0.shtml，（最後訪問日期：2018 年 9 月 7 日）。

7. 〈李飛：愛國愛港 法律要求〉，香港常青網，https://www.e123.hk/ElderlyPro/details/285911/71/（最後訪問日期：2018 年 9 月 7 日）。

8. 〈林鄭訪公民黨談政改 余若薇：原則分歧大〉，中國評論通訊社，http://hk.crntt.com/crn-webapp/touch/detail.jsp?coluid=7&kindid=0&docid=102991129（最後訪問日期：2018 年 9 月 7 日）。

9. 〈譚志源：政改要小心 不能採取兩極激進方案〉，中國評論新聞網，http://hk.crntt.com/doc/1029/5/9/8/102959825.html?coluid=7&kindid=0&docid=102959825（最後訪問日期：2018 年 9 月 8 日）。

10. 〈袁國強釐清基本法已明確否定公民及政黨提名〉，香港大公網，http://paper.wenweipo.com/2014/02/04/PL1402040006.htm（最後訪問日期：2018 年 9 月 8 日）。

11. 李飛：〈深入理解人大常委會決定 依法落實行政長官普選〉，香港文匯報官網，http://paper.wenweipo.com/2014/09/02/HK1409020041.htm（最後訪問日期：2018 年 9 月 8 日）。

12. 鄒平學：〈論行政長官普選時提名委員會提名機制的法律依據和制度理性〉，《武漢大學學報》（哲學社會科學版）2015 年第 1 期，第 47-48 頁。

13. 黎子珍：〈港媒解讀普選：民主程序是"少數服從多數"〉，新浪網，http://news.sina.com.cn/c/2014-02-10/110129426660.shtml（最後訪問日期：2018 年 9 月 8 日）。

14. 張學修：〈論提名委員會的民主程序〉，《文匯報》2014 年 4 月 28 日。

15. 鍾健：〈中央智囊：喬沒說民主程序等於"少數服從多數"〉，新加坡聯合早報網，https://www.zaobao.com.sg/wencui/politic/story20130412-203200（最後訪問日期：2018 年 9 月 11 日）。

16. 〈饒戈平談特首提名，倡議提委會逐個表決參選人〉，香港星島環球網，http://news.stnn.cc/hongkong/2014/0609/104022.shtml（最後訪問日期：2018年9月8日）。

17. 陳弘毅：《一國兩制下香港的法治探索》（增訂版），香港：中華書局（香港）有限公司 2014 年版，第 108 頁。

18. 曹旭東：〈論香港行政長官普選討論中的若干爭議焦點〉，《當代港澳研究》2014 年第 3 輯，第 31 頁。

19. 鄒平學：〈論行政長官普選時提名委員會提名機制的法律依據和制度理性〉，《武漢大學學報》（哲學社會科學版）2015 年第 1 期，第 50 頁。

20. 〈行政長官普選的提名方式〉，《大公報》2014 年 5 月 22 日。

21. 蔡子強：〈香港要的是"伊朗式"普選嗎？〉，中國評論網，http://www.china-review.net/gao.asp?id=31887（最後訪問日期：2018 年 9 月 11 日）。

22. 劉貳龍：〈僭建與公投〉，明報新聞網，https://news.mingpao.com/pns/ 劉貳龍：僭建與公投 /web_tc/article/20140106/s00012/1388945088629（最後訪問日期：2018 年 9 月 11 日）。

23. 鄭戈：〈普通法心智與香港政改〉，《中國法律評論》2015 年第 3 期，第 63 頁。

24. 〈李飛解釋特首候選人為何須獲提委會過半數支持〉，中國新聞網，http://www.chinanews.com/ga/2014/09-01/6551422.shtml（最後訪問日期：2018 年 9 月 8 日）。

25. 在 2016 年 12 月舉行的香港行政長官選舉委員會委員選舉中，泛民主派有 327 人勝出。參見〈香港選委會選舉宣布結果　泛民奪 325 席〉，觀察者網，https://www.guancha.cn/local/2016_12_12_383973_s.shtml（最後訪問日期：2018 年 9 月 8 日）。

26. 〈袁國強譚志源訪京晤李飛　中央強調 2017 普選非終極〉，香港大公網，http://news.takungpao.com.hk/hkol/politics/2015-02/2915092.html（最後訪問日期：2018 年 9 月 8 日）。

27. 〈袁國強：2017 普選非最終方案〉，香港大公網，whttp://news.takungpao.com.hk/hkol/politics/2015-03/2933508.html（最後訪問日期：2018 年 9 月 8 日）。

28. 〈人大副秘書長：泛民主派的大多數是愛國愛港的〉，香港鳳凰資訊網，https://i.ifeng.com/news/gangao/news?aid=88221181（最後訪問日期：2018 年 9 月 8 日）。

29. 《行政長官選舉條例》第31條規定："在本條中的政黨（political party）指 (a) 宣稱是政黨的政治性團體或組織（不論是在香港或其他地方運作者）；或 (b) 其主要功能或宗旨是為參加選舉的候選人宣傳或作準備的團體或組織，而候選人所參加的選舉須是選出立法會的議員或任何區議會的議員的選舉。"

30. 《行政長官選舉條例》第31條規定，在選舉中勝出的候選人必須在宣佈當選的7個工作日內表示他不是任何政黨成員，也不會成為任何政黨的成員。

第四章

普選怎樣在全港進行

香港首任行政長官由政府推選委員會選舉產生，此後各任行政長官都是由行政長官選舉委員會選舉產生，香港普通居民從未參加選舉行政長官。為推動實現普選，香港特區政府在 2013 年 10 月 17 日成立由政務司司長領導、律政司司長和政制及內地事務局局長為成員的政改諮詢專責小組。專責小組在 2013 年 12 月 4 日發表《2017 年行政長官及 2016 年立法會產生辦法公眾諮詢文件》，並展開為期五個月的公眾諮詢，廣泛收集社會各界意見。在充分考慮各種方案的基礎上，香港特區政府於第二輪政改諮詢期間提出《行政長官普選辦法諮詢文件》，其中提出簡單多數制、兩輪投票制、排序複選制以及補充投票制等四種普選辦法進行公眾諮詢，在此基礎上形成政府方案。香港立法會於 2015 年 6 月 18 日就政府所提方案進行表決，但未獲通過。行政長官普選方案未能通過迫使香港政制發展只能原地踏步，但也給香港社會更多的時間來討論和選擇最適合香港的行政長官選舉制度。

我們認為，確定普選制度得考慮成本大小、可操作性程度、政治效果（即對香港政治生態的影響）等因素，在政府公開諮詢的四種選舉方案中比較可行的是補充投票制。香港普選行政長官還需要提高選民的投票率，儘量讓“沉默的大多數”參與表達意見。與政治人物相比，大多數港人對待行政長官選舉會更務實，會傾向於選擇能夠與中央政府進行有效溝通的候選人。如何提高投票率是未來行政長官普選必須面對的一大課題，保證投票率的重要前提是選舉制度具有較高的認受性。同時香港應借鑒域外經驗，採取積極措施，促使香港永久性居民積極參與選民登記和投票。

香港民間建議方案綜述

選舉制度可以按照不同的標準進行分類。普遍採用的分類方法是根據選舉規則，把選舉制度分為多數制（Winner Takes All）、比例代表制（Proportional Representation）與混合制（Mixed Systems）三種基本模式。而就總統、行政長官等政府首長的選舉來說，由於政府首長往往由一人擔任，因此通行的民主選舉方式是多數制。在政府首長的選舉過程中，多數制直接以候選人為投票對象。這種方式簡單易行，也是最古老的一種選舉方式，獲得多數選票者即可當選。而根據當選者所需要選票數的多少，又可以將多數制劃分為相對多數制（Simple Plurality）與絕對多數制（Absolute Majority）兩種基本類型。香港特區政府在發表關於行政長官普選方案前，從 2013 年 12 月至 2015 年 3 月期間已進行兩輪公眾諮詢。在 2015 年 1 月至 3 月進行的第二輪諮詢中，政府共收到超過 13 萬份書面意見。關於香港社會各界就行政長官選舉在全港普選階段如何投票，有很多種建議方案，代表性觀點有：簡單多數制（Simple Majority System）、兩輪投票制（Two-Round System）、排序複選制（Instant-Runoff Voting）、多訊制（Maximum

Information）、補充投票制（Supplemental Vote System）等。

一、簡單多數制（Simple Majority System）

香港學民思潮主張行政長官普選採用的一輪投票制（First Past the Post），就是簡單多數制，又稱相對多數制。在一輪投票制下，不論票數多少，得票最多的候選人即可當選。

相對多數制包括單一選區相對多數制和複選區相對多數制。在單一選區相對多數制下，在應選名額為一名的選區中，角逐者只要得票最高（未必過半）即可當選。採用此選舉制度的國家／地區較少，在行政首長由選民直選的國家／地區中，約五分之一採用此選舉制度。在複選區相對多數制下，選區中應選名額大於一。在此選制下，因選民可圈選候選人數目的不同，又可分為全額連記投票、限制連記投票）和單記非讓渡投票。因香港行政長官只有一人，故採用單一選區相對多數制。根據"杜瓦傑定律"（Duverger's Law）[1]，該種選舉制度會促成兩黨制。當原本支持小黨的選民了解到他們將選票投給小黨候選人形同浪費選票時，他們自然會傾向將選票移轉到他們原本不打算支持的兩大黨中較不討厭的一方，以防止較不喜歡的另一方當選，這種選舉規則會促使選民進行策略性投票（strategic voting），使選民最終的投票對象傾向在兩個較大政黨之間作選擇。

簡單多數制是最簡單的一種選舉投票機制，正是由於其簡單的優點，它是目前世界上使用最為廣泛的選舉投票制度，特別是在英國及其前殖民地，包括其他英聯邦國家，以及美國和加拿大等地。這種選舉制度能夠避免候選人在競選時走偏鋒，因為在選區應選席次只有一席的情況下，候選人如要獲勝就必須吸引多數選民而非少數特殊選民的認同和支持，因此候選人的政策要求會趨向溫和化。有些國家在選舉中出現政黨意識形態扁平化，即政黨利益表達的邊界不再是涇渭分明，甚至工人階級政黨說也代表資本家利益、資本家政黨宣傳也代表普羅大眾的利益，就是該種選舉制度作用的結果。該種選舉制度也有自己的缺點。參加議會選舉的政黨之間可能會出現超額當選（over-representation）或代表性不足（under-representation）的嚴重 "比例性偏差"（disproportionality）現象，對小黨非常不利，而有利於大黨。[2] 此外，當有多於兩位候選人競選時，一位無法獲得大多數選民支持的候選人可以靠著所得到的票數比其他候選人高而當選。2000 年的台灣地區大選就是一實例，當時連戰與宋楚瑜分票，而得票 39.3% 的綠營陳水扁勝出，總得票 59.9% 的藍營反而落敗。此選舉結果沒有體現民主原則，也導致島內撕裂。

二、兩輪投票制（Two-Round system）

主張香港行政長官普選採用兩輪投票制的組織最多，如"真普聯"、"18 學者"、人民力量、香港民主促進會、社會民主連線、香港 2020 等。兩輪投票制屬絕對多數制，絕對多數制要求候選人必須得到有效選票的半數以上方可當選。而為了確保有候選人能夠達到半數以上的選舉門檻，絕對多數制亦存在兩種不同的投票模式，[3] 兩輪投票制就是其中一種模式。

什麼是兩輪投票制？兩輪投票制又稱"兩輪選舉制"、"兩輪決選制"，既用於行政首長選舉，又用於立法機關選舉。行政首長選舉中的兩輪投票制，是指如果某選舉中沒有任何一個人過半數的選票，那麼選票數最多的兩位候選人進入下一輪選舉，得票較多者勝出。世界上 91 個實施總統直接選舉制度的國家或地區中，有 49 個採取的是兩輪投票法，多於採用相對多數制的國家。[4] 兩輪投票制在各個國家 / 地區的實踐模式不完全相同：第一種模式，兩輪均直接選舉，例如德意志帝國議會議員、法國第五共和國、巴西及智利等國的總統選舉。第二種模式，第二輪未必是直選而是間選，例如智利 1925 年憲法規定總統第二輪選舉改由國會參眾兩院聯席選出，還有美國副總統選舉第二輪由參議院選出方式。第三種模式，第二輪得票居相對優勢就可勝出，例如法國總統選舉，並不要求勝出者必須在第二輪選舉中得到半數以上選票。第四種模式，第二輪獲勝者不僅要求選票數量居優，而且還要求過半，如現行香港特別行政區行政長官選舉、美國副總統選舉等。

兩輪投票制多用於總統等行政首長選舉。[5] 法國是採用兩輪投票制最著名的國家，該國的總統選舉自 1965 年以來一直是採用此種選舉規則。在第一輪投票中得到過半數選票的候選人可當選為總統，如果沒有候選人在第一輪投票中得到過半票數，則第一輪投票中得票最多的兩名候選人可以進入第二輪投票，第二輪投票中得票較多的候選人則當選為總統。在法國這些年的總統選舉中，每一次都是在第二輪投票後才決定勝負，並且有三次（分別是 1974 年、1981 年及 1995 年）還出現第一輪的領先者卻在第二輪投票落敗的結果。[6]

此外，香港社會民主連線主張採用的兩輪決選法也有點不同尋常。社會民主連線主張候選人經全民投票，超過 50% 者當選。未有候選人得票超過 50%，則在首輪投票選出得票最多的兩位進入次輪選舉，超過 50% 者為行政長官。若第二輪仍無人得票多於 50%，則須在六個月內重新進行第二輪選舉，簡單多數者勝。僅就成本而言，若採行此方案可能需要二次，甚至三次投票，運作起來勞民傷財。

三、排序複選制（Instant-Runoff Voting）

排序複選制，也稱選擇投票制（Alternative Voting）、"偏好投票制"（Preferential Voting）、"權變投票制"（Contingent Voting）。湯家驊先生提出行政長官普選採用 "排序複選制" 方案。在此選舉制度下，選民按照喜好將候選人排序，首輪點票淘汰得票最少的候選人，此輪投票將被淘汰者的第二選擇分票給餘下候選人，如此類推，直到有候選人取得過半數選票為止。[7]2013 年 11 月，湯家驊先生隨大律師公會訪京，惹外界批評 "轉軌"。"學民思潮" 曾召開記者會批評他私下向中央推銷未得到民意授權的方案，做法令人憤怒。[8]

排序複選制的計票邏輯，與兩輪投票制有類似之處，兩者都具有絕對多數制的精神。兩者的不同之處，在於前者選民只須去投票所一次，而後者選民卻有可能須上投票所兩次，因此這種選舉制度又稱為 "立即的兩輪對決制"（Instant Runoff Voting）。

排序複選制一般為多輪計票，但也有限於兩輪計票的設計。選民須對數名候選人按喜好排序，經首輪和次輪點票後，勝出的候選人最終要取得過半數支持，方能當選。排序複選制不僅用於行政首長選舉，也用於議會選舉，甚至不少私人組織也使用此投票制度，包括雨果獎和奧斯卡最佳影片的甄選等。就其實踐而言，愛爾蘭和斯里蘭卡的總統就由此選出。[9] 用排序複選制的選舉結果可能與多數制截然不同，其中一個例子是1990 年愛爾蘭總統選舉。從表 4.1 可見，當時三名候選人分別為：愛爾蘭共和黨的候選人布賴恩‧勒尼漢、愛爾蘭統一黨的奧斯汀‧柯里、工黨的瑪麗‧羅賓遜。第一輪計票後，共和黨（勒尼漢）取得最多票（即眾多人選中其為首位，若選舉採用相對多數制應可勝出），但無候選人取得過半數，同時統一黨（柯里）被排除。第二輪計票時，統一黨的選票被再分配，其中有82% 落入工黨的瑪麗‧羅賓遜手中，使其獲勝。

表 4.1　1990 年愛爾蘭總統選舉（單位：票）

	第一輪		第二輪	
瑪麗‧羅賓遜	612,265	(38.9%)	817,830	(51.6%)
布賴恩‧勒尼漢	694,484	(43.8%)	731,273	(46.2%)
奧斯汀‧柯里	267,902	(16.9%)	—	
棄權票及廢票	9,444	(0.6%)	34,992	(2.2%)
總數	1,584,095	(100%)	1,584,095	(100%)

該選舉制度有眾多優勢：第一，能夠確保產生一個得到多數選民支持的候選人。第二，長期而言，由於只有一輪選舉，一次即可確保從多位候選人擇一選出，不必另行投票，因此比兩輪投票制要節省成本。第三，該選舉制度有利於防止策略性投票和操控選舉等問題。當然也有學者指出了該制度的一些缺

點。最大的問題是建立該選舉制度的硬件和軟件的前期投資非常大。另外，被計票淘汰者或許為多數願意妥協人選，況且選民主要在意心目中的候選人是否當選，而容易發生其他次序隨便選擇的情形。英國 2011 年舉行全民公投來決定是否在國會下議院的選舉中用該制度取代簡單多數制，結果大多數選民的答案是否定的。在香港的公共選舉制度中，立法會鄉議局功能界別、漁農界功能界別、保險界功能界別及航運交通界功能界別這四個界別的選舉採用該制度。

四、最多訊息制（Maximum Information）

香港浸會大學趙心樹教授主張香港行政長官普選採用最多訊息制，簡稱 "多訊制"。多訊制鼓勵選民給候選人記分，但也允許排序或打勾 —— 得分最高、排第一或被勾的候選人記 1，得分最低、排最末或未被勾的候選人記 0，其餘按比轉換；轉換到 0 至 1 標尺的分稱為 "標尺分"，平均標尺分最高者勝選。該種選舉方案是以 "計分制"[10] 為基礎，兼容了選民對候選人排序、打勾等意思表示，相對最民主、最自由。趙教授認為其屬廣義計分制。而計分制是對 "博達制" 的改進，故闡述多訊制，需先了解博達制。

博達制，作為一種選舉計票方法，也稱博達算法，是法國數學家政治學家博達（Borda）在 1781 年提出。如表 4.2 所示，假設 100 個選民，每個選民需根據偏好對 A、B、C 進行排序，首先得 3 分，次選得 2 分，末選得 1 分，則 A 得分為 $43 \times 3 + 40 \times 2 + 17 \times 1 = 226$、B 得分為 $45 \times 3 + 30 \times 2 + 25 \times 1 = 220$、

C 得分為 20×3+45×2+35×1=185，故 A 獲勝。如果按照通常多數制計票方法，因 B 的第一選項最多，則 B 勝出。博達制全面考慮選票中的選擇信息，又考慮到選票中的距離信息，能夠比較精細反映選民對候選人的選擇意願。"當社會各群體利益衝突，因而不存在全民領導人，也不存在和諧型領導人的時候，博達法將挑選出相對最大多數選民支持或接受的領導人。"[11]

表 4.2　博達制下的候選人得分比較　（單位：票）

	A	B	C
首選	43	45	20
次選	40	30	45
末選	17	25	35

博達制是假設相鄰選項的距離是相同的，即相鄰等距，而實際未必如此。為克服這一缺陷，便讓選民對每一候選人在一定範圍內（如 1-10）打分，最滿意的候選人打滿分，最不滿意的打零分，總分最高者當選，由此就產生了計分制。"在計分制下，從每個選民的角度看，只需給每個人一個分，投票程序非常簡單，簡單得不可思議。但從選舉的組織者的角度看，比較候選人的得分高低，就獲得了選擇信息，計算兩個候選人的得分之差，就獲得了距離信息；計分制所傳遞的選民意願信息及其豐富，豐富得令人感嘆！在我們迄今已知的制度方法中，計分制是唯一能同時、全面、公平地精確測量（而不是粗略估測）選擇信息和距離信息的。"[12]

趙心樹教授認為，選民給每個候選人打分是理想狀態。如果選民不能給所有候選人打分，可退而求其次，建議選民對候選人進行排序，然後給部分候選人打分，同時允許選民對候選人打勾。得分最高、排第一或被勾的候選人記 1，得分最低、排最末或未被勾的候選人記 0，從而形成了他所說的 "多訊制"。

　　趙教授對這種多訊制非常推崇，他認為，綜合考慮效益和成本，多訊制最近乎完美。古希臘直接民主被視為民主 1.0，近代美國代議民主被視為 2.0。從民主程度、社會穩定和組織成本綜合考慮，以多訊制為核心的新一代民主，有望發展為 3.0。[13] "泛民主張的制度比 '八三一' 更民主 4 到 8 倍，而更精細的多訊制，則比泛民主張的制度更民主 5 到 9 倍。"[14] 趙教授認為，多訊制是最好的選舉制度，能把選民最多、最充分的意見體現出來，讓所有人的意見，能透過訊息處理的辦法表現出來。少數派也不用擔心在多數派掌握權力下，自己的利益會被忽略。[15] 趙教授認為 "多訊制" 與其他選舉方案相比具有巨大的優勢，中央為 2017 設計的 "篩直選"，一面讓選民直接投票選行政長官，一面卻違背民意實施政治篩選，最不穩定；實行 "篩直選" 的泰國是實例。泛民主派主張沒有政治篩選的一選或二選，雖然取消篩選避免大矛盾，有助穩定，但 "勾選制" 會撕裂社會；實行 "勾選制" 的埃及、烏克蘭和伊拉克是近例。與之相較，多訊制鼓勵和諧多贏，促成長期穩定。[16] 多訊制允許選民充分表達，讓他們只要誠實投票就能充分參與，而毋須投策略票。可見制度的民主度與策略票負相關，制度愈民主，訊息量愈大，策略票的自利度、正當度和發生率愈低。該種選舉制度比較精緻，更能準確反映選民對候選人支持度的差距。但前提是事先需對選民進行深入的教育，這難度較大。

五、補充投票制（Supplemental Vote System）

　　香港婦聯認為補充投票制可以避免費時費錢、增加選民負擔等缺點，建議在選民一人一票普選行政長官階段採用該種選舉制度。

　　補充投票制比排序複製簡單，但是在香港的公共選舉制度中從沒有採用過該制度，因此香港選民對該制度不熟悉。該種選舉制度可以說是排序複選制的簡化版本。在該制度下，選民只需投下其首選，或者其首選加次選，其中次選並非必需。補充投票制以第一偏好票為勝負關鍵，第二偏好票則是第一偏好的首輪計票勝負未果時一決勝負的"補充"工具。在第一次點票時，只按照選票上的首選來計算候選人的得票，得票過半數的候選人即當選。若沒有候選人取得過半數有效票，那麼得票最多的兩名候選人將被留下，而其餘的候選人則都被淘汰。接著點算被淘汰候選人的得票中以留下的兩位候選人列作次選的得票，並把他們分派到該兩名留下的候選人。最後比較兩者的得票總數，取得較多選票的候選人當選。此一制度的目的，是為了確保當選者必須是獲得第一偏好票得票前兩名的候選人，以強化當選人的民意正當性。相比之下，在排序複選制下，第一偏好票並非居前兩名的候選人，亦有機會透過選票的移轉而當選。而且，排序複選制的偏好排序對象不只是兩位候選人，計票方式比補充投票制複雜。[17]

　　該制度的好處之一是鼓勵候選人在競選時要考慮選民的第二選擇，因此會採用相對緩和的競選策略。另外，該選舉制度是排序複選制的簡化版，相對簡單易懂。有學者也指出該制度的缺陷。首先是不能確保候選人能夠得到超過半數選民的支持。第二，該制度鼓勵選民投票給最大的三個政黨候選人。當有超過兩個很強的候選人時，選民就很難作出選擇了，並可能產生大量廢票。第三，該制度也會產生策略性投票。[18] 採用該選舉制度的是倫敦市長選舉。針對候選人太多、選舉政治化的現實，新加坡也有學者建議總統選舉採用補充投票制。

此外，全國人大常委會基本法委員會委員、香港大學陳弘毅教授還提出如果在普選階段白票過半比例則重新選舉，此法稱為"白票守尾門制"。陳教授主張提名委員會產生兩名或三名行政長官候選人後，候選人進行競選活動，最後便是有資格參加普選的市民進行投票的階段。參照一些有白票或 None of the Above 票（以下簡稱 NOTA 票，意為白票）制度的國家或地區的做法，在提供給選民的選票中，除印有各候選人的名字外，還加上一個選項，便是"我不投票給以上任何一位候選人"（即 NOTA）。如果選舉的結果是投 NOTA 票的選民的人數佔所有投票（包括投 NOTA 票和投給候選人的票）的選民的過半數，則選舉無效，需要稍後安排重選（即重頭來過，包括提名委員會進行推薦、提名等活動）。[19] 陳弘毅教授指出，中央政府就提名委員會的組成和提名權等已經有相當清晰的立場，不論同意與否，也應該了解清楚和接受政治現實。如果提名委員會提名的三人中，選民都不滿意，就可投以白票，表示不贊成。若整個選舉中，過半的票數均屬白票，選舉便報以失效，由提名委員會自行選出"臨時行政長官"任期兩至三年，再討論補選安排。[20] 這樣的方案讓選民有否決的權利，外國亦有相關例子。此方案既尊重中央政府的決定，也給了香港選民一條後路。但是也可能會給特區政府帶來巨大的挑戰：若真被否決了所有候選人，到補選時應該再提名什麼人？同一個人被否決後可以再參選嗎？若連續兩次都不能順利選出行政長官，會給特區政府帶來怎樣的危機？此方案頗具創意，但有若干問題還有待進一步探究。當然，若真正實行此種選舉制度，照常理，過半數白票的情況應該很難出現，但也必須有要再度補選的心理準備。

香港宜採取的投票制度

———— • ————

在充分考慮香港社會各界所提方案的基礎上，香港特區政府在其第二輪政改諮詢文件中建議香港社會聚焦考慮四種選舉投票機制，即：簡單多數制、兩輪投票制、排序複選制，以及補充投票制。在香港特區政府建議的四種選舉制度中，簡單多數制屬相對多數制，而兩輪投票制、排序複選制和補充投票制屬絕對多數制。香港特區政府排除了多訊制，可能是因為該種選舉制度操作起來比較費時費力。下面，我們結合香港實際，對以上不同選舉制度的優劣逐個進行分析。我們認為香港未來行政長官普選確定何種選舉制度，需至少考慮以下因素：成本大小、可操作性程度、政治效果（即對香港政治生態的影響）。未來行政長官普選制度可能會在更多的選項中選擇，但僅就此次建議的四種選舉制度比較而言，補充投票制有更多的優勢。

一、兩輪投票制不適合香港行政長官選舉

倡導兩輪投票制者以方志恆等"18 學者"為代表。2014 年 4 月 2 日，來自六所大學的大專院校共 18 名學者建議，採取兩

輪投票制，首輪投票中取得超過五成選票者當選，若首輪投票未有人取得逾五成選票，則獲得最高票的兩人進入次輪投票，次輪投票中取得逾五成選票者當選。行政長官的選舉投票制自香港回歸以來都是由《行政長官選舉條例》所規定的，其實該法例所規定的選舉制度都屬兩輪投票制。就最新的行政長官選舉投票機制而言，不管候選人是一名或者是多過一名，任何候選人只有在 1,200 名選舉委員會委員中取得超過 600 張支持票，才能在選舉中獲勝。假如在第一輪投票後沒有候選人因取得超過 600 張支持票而當選，那麼除了得票最多的前兩位候選人可進入第二輪投票外，所有其他的候選人都會被淘汰。若第二輪投票結束後，仍然沒有任何候選人能夠取得超過 600 張有效選票，那麼選舉就會被終止。由此可見，有關行政長官選舉的投票機制是由香港特區自行立法所確定的，而且採用的正是兩輪投票制。不過，目前行政長官選舉的第二輪投票仍然要求候選人只有得到超過法定選舉委員會委員人數（1,200 名）的一半（600 票）才能當選，而在第一輪得票多的那個候選人未必一定當選。此方案提議者認為，通過兩輪投票在一定程度上擴大了當選者的民意基礎，未來行政長官普選若採用兩輪投票制，能夠避免行政首長認受性不足的問題，有利於增強其實施管治的正當性。

香港目前的行政長官選舉以兩輪投票制較容易操作，畢竟選舉委員會只有 1,200 人。但若未來普選行政長官採用此選舉制度就較複雜，因為屆時選民數量將達數百萬之多。這種選舉制度所需要消耗的成本很高，因為第一輪投票極少產生出獲得半數選票的候選人，如法國總統選舉全部是由第二輪投票才產生。兩輪投票不僅有成本的問題，而且還有兩次投票各有側重的問題，如法國的總統選舉還有第一輪投票時為了政治表達理念，第二輪投票才是為了促使某人當選。如法國 1995 年總統選舉，投給綠黨候選人瓦涅的選民中 61% 是為了表達自己的政治理念。[21] 這也可解釋為何歷史上有三次第一輪優先者在第二輪卻敗北，如 1981 年總統選舉中第一輪投票中領先的季思科卻在第二輪投票中敗給了密特朗。

我們認為，雖然當前世界各國總統選舉採用兩輪投票制的國家約佔六成，[22] 但兩輪投票制不適合香港。這不僅是因為選舉成本的問題，還有香港行政長官人選不能完全由本地居民決定的因素。法國總統選舉完全由選民的意志決定，故在程序上要求總統人選由選民選舉產生即可，不用更高的國家機構任命。香港行政長官選舉是屬地方領導選舉，不同於法國等國家領導人選舉。"香港普選是地方選舉，想像香港普選不能搬用城邦意象，而應回到 '一國兩制' 的框架中。"[23] 香港行政長官人選是香港選民意志與中央政府意志的合一，香港選民投票只是行政長官整個產生程序的一部分，後邊還有體現中央政府意志的任命程序。

二、香港行政長官選舉宜採用補充投票制

如前文所述，香港行政長官選舉不宜採用兩輪投票制，應採用一輪投票制，即在相對多數制、選擇投票制和補充投票制中擇一採用。

其中，相對多數制一次即可確保從多位候選人擇一選出，

不必另行投票,計票規則簡單明瞭,執行方便,選舉效率高。除此以外,根據迪威爾熱的研究,簡單多數制有助於形成相對穩定的政府。這是因為在簡單多數制下,非熱門候選人很難取勝,選民傾向於選擇熱門候選人。一輪投票制加大了有規律地實現政府更替的可能性,從而有利於形成穩定的政府。根據杜瓦傑定律,簡單多數制的政治效果是有助於兩黨制的形成。然而,這種制度也有著明顯的缺陷:其一,很可能造成當選者的代表性不足。如果在有多於兩位候選人競選時,一位得不到大多數選民支持的候選人可以單靠得票多於其他候選人而當選。比如 2000 年台灣地區領導人選舉,儘管陳水扁只得到了 40% 的選票,但由於連戰與宋楚瑜票源重疊,泛藍聯盟選票分散,最終讓只獲得少數支持的陳水扁成功當選。而在美國歷史上,林肯、威爾遜、杜魯門、肯尼迪、尼克松、克林頓、小布什等,當選總統獲得的選票數都不到民眾選票總數的 50%。[24] 其二,選民對候選人只有支持、棄權或反對等選項,選舉只能反映選民最認可的候選人或最不討厭的候選人,而對候選人之間的差別反映得不夠細緻,造成被計票淘汰者或許為多數願意妥協人選。就香港而言,行政長官選舉中的提名委員會不是由全民選出來的,而提名委員會所提名的人,市民卻只可以贊成其中一個,要不就是放棄投票權。這樣很容易引來民怨,結果最後當選者即使是由普選產生,卻還是有被人質疑的可能,甚或會帶來管治危機。香港基本法委員會委員、香港大學法學院教授陳弘毅教授提出的"白票守尾門制"與此應有密切關係。其三,若香港行政長官普選採用該種選舉制度,會進一步加劇香港政治生態的兩極化。香港社會政治力量分為建制派(親政府

分歧與共識:香港行政長官普選制度研究

派）與反對派（泛民主派）兩大陣營，屬前者的政治力量主要有民建聯、自由黨、親民黨、工聯會、經民聯、公民力量等，屬後者的政治力量主要有民主黨、公民黨、社會民主連線、民主民生協會、工黨、新民主同盟等，兩大陣營彼此不僅視對方為對手，甚至為敵人。在該選舉制度下，當原本支持小黨的選民了解到他們將選票投給小黨候選人形同浪費選票時，他們自然會傾向將選票移轉到他們原本不打算支持的兩大黨中較不討厭的一方，以防止較不喜歡的另一方當選，這種選舉規則會促使選民進行策略性投票，使選民最終的投票對象傾向在兩個較大政黨之間作選擇。兩黨爭雄在香港會演繹為兩大陣營的競爭，固然各自代表性政黨是首當其衝，而建制派的候選人與反對派的候選人也將聚攏各自陣營的絕大多數選票。總之，該種選舉制度有較多缺點，但最大的缺點是會造成香港社會進一步撕裂。此缺陷決定了香港行政長官普選不適合採用相對多數制。

排序複選制，比簡單多數制要精細得多，不僅可以考慮兩個以上候選人，而且還能夠明確反映選民對候選人的先後次序。但採用排序複選制的國家則相當罕見。[25] 這個原因可能在於選擇投票制操作難度比較大，雖然只要一次投票，但往往得多次計票。此外，在這種制度下，"最後選舉結果的關鍵決定者往往是極端選民與政黨，擴大了極端選民與政黨在選舉過程中的影響力。例如，當兩位主要候選人的第一偏好票相當接近但皆未過半數，此時第一偏好得票最少之候選人的第二偏好就變得相當重要，因為兩位主要候選人經由這些第二偏好票的轉移，可能就能決定何者勝出當選，而第一偏好票最少的候選人往往是立場極端偏激的候選人，會將第一偏好票投給此候選人的選民則往往是極端選民，使得主流政黨為了勝選，不得不去拉攏極端選民與政黨。"[26] 如果採用此選舉制度，那麼會使香港已經兩極化的政治生態更加惡化。

在補充投票制度下，若沒有候選人取得過半數有效票，那麼得票最多的兩名候選人將被留下，而其餘的候選人則都被淘汰。接著點算被淘汰候選人的得票上以留下的兩位候選人列作次選的得票，並把它們分派到該兩名留下的候選人。最後比較兩者的得票總數，取得較多選票的候選人當選。我們看好補充投票制，除了其相對於選擇投票制簡單易於操作 —— 補充投票制以第一偏好票為勝負關鍵、第二偏好票則是第一偏好的首輪計票勝負未果時一決勝負的"補充"工具，還有以下幾點原因。

第一，該種選舉制度能夠克服排序複選制擴大極端選民與政黨在選舉過程中的影響力的弊端。在補充投票制度下，若沒有候選人取得過半數有效票，那麼得票最多的兩名候選人將被留下，而其餘的候選人則都被淘汰，接著點算被淘汰候選人的得票中將留下的兩位候選人列作次選的得票，而不是像排序複選制將被淘汰者的第二選擇分票給餘下候選人。假定被淘汰者多是極端候選人，未被淘汰者為非極端候選人，則能把第二選擇票投給非極端候選人的選民應不是極端選民。因此，補充投票制能夠克服排序複選制擴大極端選民與政黨在選舉過程中的影響力的弊端。

第二，這種選舉制度有利於改善香港的政治生態。香港是個高度分化的社會，存在政治、階級和官民三大分野，[27] 很難產生具有絕對優勢的候選人，候選人要想獲勝必須依靠中間選民。根據"中間選民理論"（the Median Voter Theorem）[28]，候選人競選的最佳策略是儘量向中心逼近，以吸引多數選民的支持和認同。因此，候選人政治動員的對象須儘量廣泛，在政見訴求上不會主張太強烈的意識形態色彩或太激進的言論。中間選民理論意味著站在投票箱前的選民會把票投給最接近其理想之標點的政黨。為獲得中間選民的支持，候選人在施政見解上會逐漸整合對方的觀點，彼此之間越來越接近、甚至相同。行政長官選舉採用補充投票制對改善香港的政治生態、促進香港社會整合會起到積極作用。香港行政長官選舉將出現與立法會選舉完全不同的政治文化，因立法會分區直選採用比例代表制，在此選舉制度下只要對少數人動員就很可能勝出，於是一些候選人就會趨向激進而標新立異。

第三，該種選舉制度會促成政黨之間進行合作、甚至合併，有利於改變香港政黨碎片化的現狀。香港行政長官選舉一直採用選舉委員會，故政黨難以發揮作用。香港政黨參政的主要舞台長期以來是立法會，在立法會分區直選中採用比例代表制，促使香港政黨體制呈現碎片化，眾多政黨在立法會擁有議席，但數量最多者也沒有達到總議席的四分之一。尋求相互合作的政黨可能比單槍匹馬的政黨在選舉中有更好的收穫，因為相互合作的政黨可以建議自己的支持者關心第二偏好票及以下的投票對象，要求支持者將第二、三等偏好票投給友黨，甚至在對己黨最不利的選區要求支持者全力支持友黨。因此，在這種選舉制度中，一些中間派的小黨常常會成為大黨的結盟對象，從而促進政黨合作、甚至合併，有利於改變香港政黨碎片化的現狀。

當然，在候選人都不具有絕對優勢的情況下，補充投票制度也具有簡單多數制那種促使政治生態兩極化的弊端，但與簡單多數制比，這種副作用要小些。因為在政治生態高度分化的香港難以產生獲得多數選民認可的候選人，很可能要經過第二次計票才產生行政長官人選，與法國總統選舉中選民在兩輪投票的行為類似，香港選民的第一偏好也是只體現自己的理念，第二偏好才體現選舉，當然選民通常只會把票投給與自己政治光譜接近的候選人。

提高選民登記及投票率

在未來某年香港數百萬選民可以"一人一票"方式參加行政長官選舉。香港居民中目前符合選民登記的人數約是 500 萬，將來會更多，但根據立法會選舉的參選率，未來行政長官選舉的投票率不敢高估。長期以來，香港行政長官非由普選產生，故一般認為行政長官的認受性低。為提高認受性，擴大選民基數是必要之舉。同時，這也是為行政長官選舉守門的重要措施。提高選民登記及投票率，要從香港實際出發，如通過正面獎勵的辦法激勵廣大居民參加選民登記和投票。

一、提高選民登記及投票率的原因

提高選民登記及投票率有利於增強行政長官的認受性，也是中央為行政長官選舉守門的重要措施。

（一）增強行政長官的認受性

投票率，通常是指參加投票選民佔合資格選民的比率。香港公共選舉的投票率比較特殊，指參加投票選民佔已登記選民的比率。投票率不高是很多國家、國際組織的共同現象。埃及2012 年總統選舉，只有大約 46% 的選民參與第一輪投票投票，投票率不足一半。[29] 在 2014 年歐盟領導層 "大換血" 的選舉中，歐洲民眾的投票熱情並不高。歐洲議會是歐盟的立法、監督機構，自 1979 年採取直接選舉以來，作為衡量歐盟機構支持率和合法性的重要指標，投票率由 62% 一路下滑，至 2009 年下跌至 43%。2014 年的投票率僅為 42.5%，創下 1979 年以來的投票率新低。[30] 因為香港還未進行行政長官普選，所以還不知未來選民登記和投票的具體情況。但從目前已局部實現普選的香港立法會選舉的有關情況，可大體推測行政長官普選的情況。如上述國家、國際組織類似，在香港立法會選舉中選民登記及投票率也比較低。

香港首任行政長官由政府推選委員會推舉、中央政府任命，此後一直由行政長官選舉委員會選舉、中央政府任命，香港普通居民從未參加選舉行政長官。長期以來，香港行政長官非由普選產生，故一直認為行政長官的認受性低。香港行政長官選舉尚未實行普選，目前仍是由 1,200 人組成的選舉委員會選舉的間接方法產生。未來實行普選時，香港特別行政區所有合資格的選民均有權參加行政長官選舉，依法從行政長官候選人中選出一名行政長官人選，最後由中央任命。未來普選是否就可解決行政長官認受性較低的問題呢？如果選民登記及投票率很低，即使普選也解決不了行政長官認受性低的問題。因此提高選民登記及投票率是增強行政長官認受性之必須。如表 4.3 所示，2012 年香港立法會分區直選的選民登記率約為 73.5%，有約 130 萬合資格居民沒有參加登記。根據表中數據，從第一屆到第六屆，在立法會分區直選投票率平均值是 50.51%。其中第一、第三、第五和第六屆投票率高過平均值，也是可以解釋的。因為 1998 年是第一次由分區直選部分立法會議員，此前的臨時立法會（1996 年至 1998年）議員全部是由間接選舉[31]產生。而第三、第五和第六屆立法會選舉，恰好是處於 2003 年"七一大遊行"、2012 年立法會選制改革及"佔中"等政治爭拗的影響。根據立法會的選民登記及投票率，未來行政長官選舉的選民登記及投票率不敢高估，後者很可能低於前者。這一判斷是基於立法會選舉有政黨等組織發動選民投票、數百人之多的候選人也具有強大的社會動員能力等因素。而行政長官選舉中不會有那麼多組織參與其中、[32]候選人也僅有二至三人。筆者曾與香港惠州同鄉總會理事長朱建清先生座談未來行政長官選民登記及普選投票率的問題。他認為，目前香港 720 萬名市民之中，根據政府香港年報所公佈的資料，由 1997 年至 2012 年底統計，以每日 150 人名額到港的新移民共有 783,436 人，佔人口的 10.92%，估計到 2017 年有 685,436 人成為香港永久性居民；整體人口增長回歸以來每年 37,120 人，至 2017 年全港人口達 7,323,500 人，扣除居港未滿 7 年的新移民 371,750 人，再減去全港人口 18 歲以下佔人口比例 14% 約973,245 人，合資格的選民將達 5,978,505 人。參看 2012 年立法會選舉，總投票人數為 1,838,722 名，投票率為 53.05%，只佔全香港人口 26.26%，可見香港市民沉默的佔大多數。以此種情形來看，就算兩名候選人角力，取得 50% 支持，得 90 萬票，從普選的角度來看，獲選的行政長官亦只獲得總人口約 13% 的支持率，無法達到香港基本法給予香港市民普選的期望。[33] 因此，增強行政長官的認受性，必須提高選民登記及投票率。

表 4.3　各屆立法會分區直選投票率統計 [34]

屆數	合格選民數	登記選民數	登記率（%）	投票人數	投票率（%）
第一屆 （1998-2000）		2,800,000		1,489,705	53.29
第二屆 （2000-2004）	4,525,145	3,055,378	67.52	1,331,080	43.57
第三屆 （2004-2008）	4,539,599	3,207,227	70.65	1,784,406	55.64
第四屆 （2008-2012）	4,661,976	3,372,007	72.33	1,524,249	45.20
第五屆 （2012-2016）	4,712 ,037	3,466,175	73.56	1,838,722	53.05
第六屆 （2016-2020）	4,789,700	3,779,085	78.90	2,202,283	58.28

（二）"守中門" 的需要

按照香港基本法第 45 條規定，行政長官人選最後需要中央任命，這種任命不是形式性的，而是實質性的，也就是說，中央如果認為人選不合適，也可以不任命。這種做法被稱為中央 "守尾門"，與陳弘毅教授提出的 "白票守尾門" 方案不僅主體不同，而且出發點也不同 —— 前者是保證行政長官人選是中央認可的人，後者是確保行政長官人選在本地具有較高的認受性。香港行政長官普選的制度設計除了 "守尾門" 外，還有 "守前門" 和 "守中門"。"守前門" 就是在提名階段保證行政長官候選人是中央認可的人。"831 決定" 規定候選人必須得到提名委員會半數以上委員同意，就是很典型的 "守前門" 措施。"守中門" 是在選民投票階段通過對選舉制度的設計，來體現中央政府對行政長官人選的意志。

方志恆博士認為他們 "18 學者" 提出的普選採用 "兩輪

投票制"就是"守中門"的方案。筆者不認同香港行政長官普選採用兩輪投票制,但不否認該種選舉制度能夠在很大程度上保證行政長官人選會為中央認可。因為兩輪投票制屬絕對多數制,在假定香港多數選民是務實理性的前提下,與中央對抗的候選人很難當選。問題的關鍵是這個假定是否成立,即香港多數選民是否真是務實理性。因香港選民登記及投票率不高,決定了實際參選的選民只佔合資格選民總數的約 35%,[35] 約 65% 的合資格選民沒有參加選民登記,或有的去登記了但最終沒有去投票。那些佔合資格選民總數約 35% 去投票的選民大多數是務實理性的嗎?實踐表明也未必是。香港政治生態存在兩個"六四定律",即在立法會分區直選中建制派候選人與泛民主派候選人得票率約是 4:6,而建制派獲得議席數與泛民主派獲得的議席數比例約是 6:4。也就是說約 60% 的去投票的選民是支持泛民主派的候選人。當然有人可能說,香港選民希望選擇一個與特別行政區政府對抗的立法會,但會選擇一個與中央政府合作的行政長官,故在立法會選舉中會傾向於選擇泛民主派的候選人,而在行政長官選舉中會傾向於選擇建制派的候選人。這種判斷應是正確的,但僅屬通常情況。如果中國內地在香港行政長官普選期間出現敏感公共事件,港人就很可能傾向於選擇一個對抗中央的行政長官候選人,特別是在目前只有較小比例合資格選民參加投票的情況下。

如前所述,香港約 65% 的合資格選民沒有參加選民登記或有的去登記了但最終沒有去投票,這些人就屬通常所說的"沉默的大多數",準確地說是"沉默的絕大多數"。據香港中文大學的調查,香港中間選民數量龐大,受訪者認為自己屬中間派及沒有或不知道政治取向的比例共約佔 57.7%。[36] 這些中間選民通常對政治不感興趣，也較務實理性。提高選民登記及投票率，讓這些是"沉默的絕大多數"儘量多地參加行政長官普選，在很大程度上能夠保證行政長官候選人不是與中央對抗的人。當然香港文化協進智庫總裁李曉惠先生對此不以為然，他說就立法會選舉而言，能夠動員的合資格選民基本上都被建制力量動員了，未去投票的基本不會支持建制派候選人。若在行政長官普選中擴大選民數量，其結果不僅不會增加建制派候選人的選票，反而會把支持泛民主派候選人的選民動員起來而有利於泛民主派候選人。[37] 李曉惠先生的擔心有一定道理，但我們還應認識到行政長官選舉與立法會選舉的重大區別。港人中"沉默的絕大多數"是理性的，在立法會選舉中，心理上傾向選擇能夠敢於對政府說"不"者，但行政長官選舉應會傾向於選擇有治理能力並能夠與中央政府正常溝通者。綜上所述，提高選民登記及投票率是"守中門"的重要措施。

二、提高選民登記及投票率的措施

如何提高香港未來行政長官普選中的選民登記及投票率？從香港的實際情況出發，筆者認為應滿足以下兩方面條件：一方面，選舉規則有較高的正當性，讓選民在理念上認同選舉規則；另一方面，給予選民物質鼓勵，讓他們能在經濟上獲益。

（一）選舉規則具有較高的正當性

此次被立法會否決的行政長官普選方案是在香港基本法和

全國人大“831決定”預設的框架內制定的。其中要求行政長官候選人必須得到提名委員會半數以上同意，這引起很多港人的強烈反對，並由此引致長達兩個多月的“佔中”運動。行政長官候選人必須得到提名委員會半數以上同意的規定，為什麼引起很多港人的強烈反對，甚至部分建制派人士對此也不認可？因為在提名委員會按照目前行政長官選舉委員會產生辦法產生的情況下，建制派人士將佔據該委員會的大多數。按此規則提名，泛民主派參選人不可能成為行政長官候選人。而在過去非普選時代，泛民主派的梁家傑、何俊仁還參加過行政長官選舉，雖然根據當時的選舉規則，他們不會當選。這必然讓人們懷疑普選的真實性、正當性。

　　建制派人士似乎也意識到了這個問題，並且試圖解決這個難題。香港基本法委員會副主任譚惠珠女士在談到《公民權利和政治權利國際公約》適用問題時指出，假定《公民權利和政治權利國際公約》適用，提名權和被選舉權也並不受制於“普及而平等”的原則，只有選舉權受制於該原則。香港基本法委員會委員劉廼強先生也指出，根據人權公約，是沒有提過提名權這個問題的，沒有要求提名權是普及而平等的。[38] 以上兩位人士對《公民權利和政治權利國際公約》存在誤讀。有學者指出，譚女士之所以說“普及而平等”僅指選舉權，是可能因為她只閱讀了中文版本的《公民權利和政治權利國際公約》，並未閱讀英文版本，中文翻譯與英文表達之間存在偏差，這個問題在英文版本中是清晰的。在英文版本中的有關表述是：（b）To vote and to be elected at genuine periodic elections which shall be by universal and equal suffrage...；而在中文版本中的表述是：

（ｂ）在真正的定期的選舉中選舉和被選舉，這種選舉應是普遍的和平等的並以無記名投票方式進行，以保證選舉人意志的自由表達。從英文版本中可以清楚地發現，"普及而平等" 不僅明確約束狹義上的選舉權，也約束被選舉權，被選舉權中當然也包括被提名的權利。因而提名權和被選舉權亦受 "普及而平等" 原則的約束。反推回去，香港基本法之下的提名權和被選舉權亦不可能不受平等原則的約束。《公民權利和政治權利國際公約》第 25 條（ｂ）項並非普選法律依據，但是可以作為一個正當性評價標準。另外，香港基本法中也有平等權的明確規定，因而提名問題不能不考慮平等原則。[39]

　　未來的行政長官選舉規則應有充分的正當性，如果繼續堅持候選人必須得到提名委員會半數以上委員同意，那麼這樣的選舉方案仍然難以在立法會獲得通過。即使選舉方案獲得通過，因候選人清一色全是建制派人士，很多選民會認為 "沒得選"，支持泛民主派的選民也不願去登記和投票（除非選票上有 "反對" 選項），屆時的選民登記及投票率可以想像。時任香港特區律政司司長袁國強先生於 2015 年 2 月 6 日到訪北京，與李飛等中央官員就本港政改問題交換意見，並詳細講述本港第二輪政改諮詢的情況。袁國強表示，在與中央官員會面的過程裏，都認為 2017 年落實行政長官普選不代表是終極方案。[40] 2015 年 3 月 3 日袁國強在香港屯門重申，2017 年行政長官普選並非終極方案，2022 年或以後的政改安排，均可根據香港基本法第 45 條和附件一第 7 條，以及政改 "五步曲" 修改。[41] 根據 "阿羅不可能定理"（Arrow's Impossibility Theorem）[42]，如果眾多的社會成員具有不同的偏好，而社會又有多種備選方案，那

分歧與共識：香港行政長官普選制度研究

148

麼在民主的制度下不可能得到令所有人都滿意的結果。下一次普選方案很可能降低候選人的提名門檻，讓建制派、泛民主派都有候選人參加普選，這可能會遭致部分港人的反對，但必定獲得最大多數港人的認同。如此具有較高正當性的選舉規則，必然促使更多的港人去參加選民登記和投票。

（二）政府給予選民物質鼓勵

投票率偏低是在很多國家是普遍現象。為提高投票率，有些國家採用強制性投票措施。意大利憲法第 48 條規定，凡已經成年的男女公民均為選民。投票方式是個人的、平等的、自由的和秘密的。參加投票是公民的義務。[43] 除非沒有民事能力或根據終審刑事判決，或在法律指出的喪失道德的情況下，不得對選舉權實行限制。比利時憲法第 48 條中有 "投票是強制性" 的規定，屢次不投票的選民會被取消選舉資格。澳大利亞有合資格選民不投票要罰款的規定，也實行強制投票。採取強制投票的國家還有巴西、比利時、希臘和委內瑞拉等國家，當然這不是人身性質的約束，而是對棄權者課以罰款或處以精神制裁。[44] 強制性投票制度的理論基礎是，"選舉權和表決權也不是憲法律的 '單純' 反映，而是一種公共職能，並且從一以貫之的邏輯來看，同樣也是一種選舉義務和表決義務，因為這種權利並不由作為私人的個體來行使，而是由國民 —— 因而就是憑著公法地位 —— 來行使。"[45] 有內地學者也認為，參政權總是與社會公益或社會整體利益直接相關，其社會價值遠大於個人價值。[46] 這種強制投票的做法引起了示範效應。在 2010 年的英國大選中，18 至 24 歲選民的投票率只有 44%，針對年青人投票率偏低的現象，英智庫建議政府應"強迫"年輕人在大選中投票。[47] 一些英國議員表示，應該允許那些還沒有登記的選民在投票日當天現登記現投票。同時，還有人提議也應該讓 16、17 歲的公民參加投票，並允許網上投票、同時投票日也可以在週末舉行。[48] 但強制投票措施也遭到一些批評。該措施與個人自由的政治價值觀有所違背，同時因為怕被罰而去投票與自己主動去投票，參與的質量是不同的。很可能鑒於此，有原來採取強制投票的國家後來撤銷了該制度，如委內瑞拉和荷蘭。

與採用罰款等消極性投票措施相反，有些國家採取物質鼓勵等積極性措施來提高投票率。在俄羅斯 2004 年總統選舉中，為提高投票率，很多投票站推出了便民服務，比如，只要你把選票投進票箱，你就獲得了一次免費剪髮的機會。如果你是年輕人，對投票站提供的理髮師不滿意，你可以不選擇剪髮，而選擇領取免費的電影票。對於居住在海參崴的選民來說，選票在某種意義上就相當於一張彩票，獎品是免費前往中國進行為期三天的旅遊。在出國遊的誘惑下，第一個選舉日各投票站一開門，大批年輕人就蜂擁而至。[49]

香港是採用積極性措施還是消極性措施來提高投票率？鑒於強制投票手段的弊端，同時考慮到一些港人重權利、輕義務的現實，香港不宜採用罰款等消極性措施來解決投票率低的問題。香港可借鑒俄羅斯，採取積極性措施，即通過物質鼓勵的辦法促使香港居民積極參與選民登記和投票，如參加選民登記派港幣 2,000 元、參加投票再派港幣 2,000 元，以此來激勵港人中"沉默的大多數"參加選舉。當然，香港也需要改革選民登記、投票的技術性條件，如允許那些還沒有登記的選民在投票日當天現登記現投票、已登記的選民可以在網上投票等。

此外，就如何提高選民登記及投票率問題，朱建清先生認為，政府應改進宣傳技術，不需要用太專業及嚴肅法理直銷方法，應使用基層民眾所能理解的簡易傾談方法。其實除了處理政制事務的官員及律師外，相信大部分公務員及普通市民都沒有了解及鑽研香港基本法的內容，也不大了解法律及政制。政府以往的宣傳政改方案似乎欠缺應對見招拆招的策略，欠缺向普通市民清晰交代的說服力。過去宣傳也過於側重於法律觀點，在一些政制諮詢研討會，政府官員力指"政黨提名"及"公民提名"不符合香港基本法，令人感覺是打官腔。很難說到場人士到底有多少人明白"政黨提名"及"公民提名"到底是什麼概念。很多基層市民誤以為"政黨提名"就是政黨有權推薦人選報名，"公民提名"就是市民有權自由提交報名。因此，政府應使用普羅大眾能明白的平民化"通識"表達，才能引導香港市民了解政改，促使他們積極參加選舉。[50]

總之，香港各界就未來行政長官在全港普選應採用何種選舉制度進行了深入的討論。在各種選舉制度中，比較可行是補充投票制。針對選舉投票率不高的現實，同時為了讓更多理性意見得以表達，未來行政長官普選還得儘量讓"沉默的大多數"參與其中。如何提高投票率是未來行政長官普選面對的一大課題，保證投票率的重要前提是選舉制度具有較高的合法性，同時香港應借鑒俄羅斯等國家的經驗，採取積極性措施，即通過物質鼓勵的辦法促使香港永久性居民積極參與選民登記和投票。

1. 該定律由法國政治學家杜瓦傑提出，他認為相對多數決選舉制容易產生兩黨制，而比例代表制則傾向於形成多黨制。

2. 蘇子喬、王業立：〈選擇投票機制與英國國會選制改革〉，《東吳政治學報》2013 年第 31 卷第 2 期，第 87 頁。

3. 絕對多數制包括兩種模式，即兩輪投票制和排序複選制。

4. 【英】羅德・黑格、【英】馬丁・哈羅普著，張小勁、丁韶彬、李姿姿譯：《比較政府與政治導論》，北京：中國人民大學出版社 2007 年版，第 224 頁。

5. 兩輪投票制不僅適用於總統等行政首長選舉，還適用於立法機構的選舉，如法國第五共和國的國民議會議員選舉。據王業立教授統計，截止到 1997 年，全世界 191 國家和地區中，有 24 個使用兩輪投票制選出國會議員。

6. 王業立：《比較選舉制度》，台北：五南圖書出版股份有限公司 2009 年版，第 17 頁。

7. 〈湯家驊倡普選採"排序複選制"〉，香港大公網，http://news.takungpao.com/paper/q/2013/0815/1829274.html（最後訪問日期：2018 年 9 月 8 日）。

8. 姚躍華：〈學民斥湯家驊私推政改案〉，《成報》2013 年 11 月 11 日。

9. 聶露：《論英國選舉制度》，北京：中國政法大學出版社 2006 年版，第 247 頁。

10. 計分制，即每個投票者給每個候選人評分，評分通常使用數字（例如從 0 至 100）。投票者給予每個候選人分數總和最高者獲勝。

11. 趙心樹：《選舉的困境 —— 民選制度及憲政改革批判》，成都：四川人民出版社 2008 年版，第 382 頁。

12. 同上，第 413-414 頁。

13. 趙心樹：〈香港，你可有膽識引領世界民主？〉，《信報》2014 年 7 月 16 日。

14. 趙心樹：〈奔馬理論與香港政改〉，亞洲財經網，www.asft.cc（最後訪問日期：2015 年 4 月 10 日）。

15. 香港可持續研究中心劉麗怡小姐在 2015 年 6 月 11 日與趙心樹教授的電話訪談記錄。

16. 趙心樹：〈香港，你可有膽識引領世界民主？〉，《信報》2014 年 7 月 16 日。

17. 〈學者建議：改革總統選舉，採用補充投票制〉，《聯合晚報》2015 年 11 月 24 日。

18. 林峰：〈未來香港行政長官選舉的投票機制選擇〉，《中國法律評論》2015 年第 3 期，第 49 頁。

19. 陳弘毅：〈由 "市民作主" 還是由 "泛民作主"？〉，香港橙新聞網，http://
www.orangenews.hk/topic/system/2015/01/05/010003830.shtml（最後訪問日
期：2018 年 9 月 8 日）。

20. 〈陳弘毅倡 "白票守尾門"〉，《蘋果日報》2014 年 12 月 26 日。

21. 王業立：《比較選舉制度》，台北：五南圖書出版股份有限公司 2009 年版，
第 59-60 頁。

22. 蘇子喬、王業立：〈選擇投票機制與英國國會選制改革〉，《東吳政治學報》
2013 年第 31 卷第 2 期，第 75 頁。

23. 陳端洪：〈論香港特別行政區行政長官提名委員會的合理性與民主正當性〉，
《港澳研究》2014 年第 2 期，第 22 頁。

24. 【美】施密特等著，梅然譯：《美國政府與政治》，北京：北京大學出版社
2005 年版，第 221 頁。

25. 蘇子喬、王業立：〈選擇投票機制與英國國會選制改革〉，《東吳政治學報》
2013 年第 31 卷第 2 期，第 75 頁。

26. 同上，第 83-84 頁。

27. 朱世海：《香港政黨研究》，北京：時事出版社 2011 年版，第 159-163 頁。

28. 中間選民理論，也稱選舉空間理論（the Spatial Theory of Voting），是美國學
者唐斯（Anthony Downs）的著作《民主的經濟理論》（An Economic Theory
of Democracy）中的一部分。在該書中，唐斯提出了關於政黨競爭和選民行
為的兩個基本原理：政治代表們唯一感興趣的是當選與連任；投票決定完全
基於投票者他或她的自身利益考慮。

29. 〈埃及多地民眾示威抗議總統選舉首輪投票結果　選民投票率不足一半〉，《新
華日報》2012 年 5 月 30 日。

30. 〈西方國家選舉投票率走低　大量選民主動放棄投票〉，《人民日報》2014 年
11 月 28 日。

31. 1996 年 10 月 6 日，全國人大常委會香港特別行政區籌委會五次全體會議公
佈了《臨時立法會的產生辦法》。根據這一辦法，1996 年 11 月 18 日至 12
月 9 日，香港展開了臨時立法會議員候選人報名工作，共有 134 人報名。12
月 12 日，籌委會第七次全體會議確認其中 130 人符合資格，成為其議員候選
人。12 月 21 日，由籌委會主任委員會議主持，40 名香港永久性居民組成的
香港特別行政區第一屆政府推選委員會召開第四次全體會議，以無記名投票

方式，選舉產生了臨時立法會 60 名議員。

32. 因香港政黨在行政長官未來普選時候選人寥寥無幾，有些沒有自己候選人的政黨通常不會再動員選民為別的政黨的候選人投票。

33. 本書課題主持人在 2015 年 3 月 13 日於澳門與香港惠州同鄉總會理事長朱建清先生的座談記錄。

34. 本表由本書課題主持人根據香港特別行政區政府選舉事務處官網上公佈的數據，以及香港選舉事務處給本書課題主持人提供的數據製作。香港選舉事務處在給本書課題主持人的郵件中強調，這些統計數字為參考政府統計處及入境事務處提供的數據後得出的估計數字。在此特別對香港選舉事務處的何安宜小姐、何卓斌先生等人表示誠摯的謝意。

35. 此數字為 2000 年至 2012 年歷屆立法會選舉中參加投票選民佔合資格選民比率的平均值。

36. 韓成科、林健忠、李曉惠編著：《香港特區選舉制度與競選工程》，香港：新民主出版社有限公司 2015 年版，第 16 頁。

37. 本書課題主持人於 2016 年 2 月 12 日在香港與李曉惠先生的座談記錄。

38. 〈行政長官普選的提名方式〉，《大公報》2014 年 5 月 22 日。

39. 曹旭東：〈論香港行政長官普選討論中的若干爭議焦點〉，《當代港澳研究》2014 年第 3 輯，第 29-30 頁。

40. 〈中央強調 2017 普選非終極〉，《大公報》2015 年 2 月 7 日。

41. 〈袁國強：2017 普選非最終方案〉，《大公報》2015 年 3 月 4 日。

42. "阿羅不可能定理"是由 1972 年度諾貝爾經濟學獎獲得者美國經濟學家肯尼思·J·阿羅提出。

43. 雖然意大利憲法規定投票是公民的義務，但可能也是因處罰輕微、執法不嚴，意大利近年來投票率有大幅下滑的現象。在 2013 年 2 月進行的意大利議會選舉中，就有近 1/4 的選民放棄投票，在當時已引發輿論的廣泛討論。而 2013 年 11 月巴斯利卡塔大區地方選舉投票率僅為 47.6%。大量選民主動放棄投票資格，成為近年來意大利各種選舉中的常態。

44. 【法】讓·馬里·科特雷、克洛德·埃梅里著，張新木譯：《選舉制度》，北京：商務印書館 1996 年版，第 39 頁。

45. 【德】卡爾·施密特著，劉鋒譯：《憲法學說》，上海：世紀出版集團、上海人民出版社 2005 年版，第 273-274 頁。

46. 鄭賢君：《憲法學》，北京：北京大學出版社 2007 年版，第 175 頁。

47. 〈英智庫建議政府應 "強迫" 年輕人在大選中投票〉，人民網，http://world.
people.com.cn/n/2015/0407/c157278-26807386.html（最後訪問日期：2018 年
9 月 8 日）。

48. 〈英議員籲允許選民大選當天登記投票　增加投票率〉，中國新聞網，http://
www.chinanews.com/gj/2015/02-06/7041607.shtml（最後訪問日期：2018 年 9
月 8 日）。

49. 〈俄大選：怪招頻出吸引選民　一切為了投票率〉，《北京青年報》2004 年 3 月
15 日。

50. 本書課題主持人在 2015 年 3 月 13 日於澳門與香港惠州同鄉總會理事長朱建
清先生的座談記錄。

第五章

中央如何行使任命權

根據香港基本法第43條第2款，香港行政長官既要向特別行政區負責，又要向中央政府負責。由此逆推可知，行政長官人選不是完全由香港選民決定的，還須要體現中央政府的意志。進一步說，行政長官人選是香港選民意志與中央政府意志的合一。香港基本法第45條規定，行政長官在當地通過選舉或協商產生，由中央政府任命。行政長官最後由中央政府任命，其實就是中央"守尾門"的制度安排。但此種制度安排會使中央政府比較被動，容易引致危機。全國人大常委會可根據現實需要對香港基本法第45條進行解釋，明確中央政府對行政長官人選具有選擇性任命權。此外，"中央守尾門"的措施應與其他措施結合使用，確保行政長官人選體現中央政府意志，同時又能夠促使如此的選舉方案在香港立法會得以通過。

中央政府對行政長官的任命權是實質性權力

————— • —————

　　長期以來，中央政府對行政長官的任命權一直受到質疑。內地學者也有認為這種任命權是形式上的，提出"某議會制國家舉行大選，某人獲得議會多數的支持，總統應當且必須提名他為總理。香港行政長官的任命就應當是這個樣子"[1]。關於此問題，蕭蔚雲教授指出："中央的權力是不是'形式'的呢？當時也有一些不同意見，比如說，任命行政長官、主要官員，經香港提出以後，中央就一定要任命。這種任命是'形式上'的規定，'實質上'不能否定。當時草委會不同意這種意見，《聯合聲明》沒有說中央任命行政長官和主要官員是'形式的'，並沒有這三個字。任命就是任命，可以任命，可以不任命，怎可說成'形式任命'？"[2]《行政長官選舉條例》第 11 條第（3）款第（a）項規定，若正常的行政長官換屆選舉的當選者無法在現任行政長官任期屆滿之日就任為新的行政長官，那麼原定的就任日期之後的第 120 日就是新的投票日。這個條款沒有說明"待任命者"無法按期就任的原因，但根據其文字表述、並結合香港基本法對中央政府授予任命權的規定，我們可以推斷，沒有獲得中央任命、從而不能按期赴任的情形是包含在本條含義之內的。[3] 中國的國家結構形式、中央政府對香港的管治邏輯，決定中央政府對行政長官的任命權是實質性權力。而面對香港政治生態的複雜性，中央政府為規避政治風險必須認真對待此實質性權力。

一、國家結構形式決定中央政府有權任命行政長官

國家結構形式，指一個國家的整體與其組成部分之間，或中央和地方之間的相互關係。國家結構形式所要解決的問題，是如何劃分國家的領土，以及如何規範國家整體與組成部分，或中央與地方之間的權限問題。國家結構形式包括單一制和聯邦制等分類。兩者的根本區別在於，單一制下，地方行政區域的權力來自中央的授予；而在聯邦制下，聯邦政府的權力來自聯邦成員的讓予。

中國憲法沒有明確中國是單一制國家，但憲法第 3 條規定，中央和地方的國家機構職權的劃分遵循在中央的統一領導下，充分發揮地方的主動性、積極性的原則。憲法第 95 至 110 條，對地方各級人民代表大會和地方各級人民政府各自的建制、構成及兩者的關係等從宏觀層面加以規範。全國人大制定的《地方各級人民代表大會組織法和地方各級人民政府組織法》對地方各級人民代表大會和地方各級人民政府各自的建制、構成及兩者的關係等進一步加以規範。憲法第 112 至 122 條，對民族自治地方的職權、立法等事項加以規定。《民族區域組織法》是實施憲法規定的民族區域自治制度的基本法律。港澳特別行政區分別有香港基本法、澳門基本法，這兩部基本法是由

全國人大制定的，中央政府就是依據基本法授予特別行政區高度自治權。由以上可見，中國無疑是單一制國家。但這種單一制國家有與眾不同之處，就是特別行政區擁有的司法終審、發行貨幣等權力超過了美國等聯邦制國家的州等聯邦成員擁有的權力。有學者也因此認為，"我國的國家結構形式不同於傳統的單一制，而是介於聯邦制和單一制之間的複合單一制。"[4] 雖然特別行政區擁有的某些權力超過了聯邦制國家的州等聯邦成員擁有的權力，但是這些特別的權力畢竟還是中央政府授權的，這決定了中國結構形式在本質上仍屬單一制的範疇。

在單一制國家，中央政府有權任命地方行政首長。地方行政首長的法律地位主要有三種：作為地方行政機關首長，作為地方首長和作為中央或上級政府的代理人。[5] 當然這三種法律地位並非單獨存在，往往重疊存在，即地方行政首長既是地方行政機關首長，也作為中央或上級政府的代理人，甚至還是地方首長。在單一制國家，地方的權力來自中央政府的授予，中央政府完全有權任免地方行政長官。在法國，"省長是由中央政府任命，而不是由地方選舉產生的，他代表著整個國家的利益，而不只是對任命他的內務部部長負責。他使國家的權力和權威在地方行政工作中得到了具體的體現，監督政府各部門在地方的分支機構和領域的公務活動。"[6] 法國省長由總統任免，薩科齊總統在 2009 年 6 月 "炒掉" 法國一個省長，因該省長未搞定 "第一岳母" 與鄰里的糾紛。[7] 隨著民主政治的發展，特別是地方自治的推進，越來越多的地方行政首長由地方議會或選民選舉產生。但這並不意味著中央政府本來就沒有決定地方行政首長的權力，只是把此權力通過法律完全授給地方行使而已。

二、行使行政長官的任命權是管治香港之需要

香港基本法第 12 條規定，香港特別行政區是中華人民共和國的一個享有高度自治權的地方行政區域，直轄於中央人民政府。中央政府如何對香港特別行政區進行管治？《"一國兩制"在香港特別行政區的實踐》白皮書（以下簡稱《白皮書》）指出中央對特別行政區的管治權分為兩個方面：一是中央依法直接行使管治權，另一方面是授權香港特別行政區依法實行高度自治。如何保障特別行政區自治權的行使不與中央政府權力相衝突、符合中央政府保持香港繁榮穩定等目的是中央政府十分關心的問題。《白皮書》也指出："中央擁有對香港特別行政區的全面管治權，既包括中央直接行使的權力，也包括授權香港特別行政區依法實行高度自治。對於香港特別行政區的高度自治權，中央具有監督權力。" 中央對於授給特別行政區的權力是實行全面監督嗎？董立坤教授等學者認為，"中央對香港的高度自治權享有監督權，包括對授予香港行使的原屬中央管理事務的治權進行監督，也包括對香港特區高度自治權的行使進行監督。"[8]

筆者對此有不同看法。首先，就立法權而言，香港基本法第 17 條規定，香港特別行政區的立法機關制定的法律須報全國人民代表大會常務委員會備案。備案不影響該法律的生效。全國人民代表大會常務委員會在徵詢其所屬的香港特別行政區基本法委員會後，如認為香港特別行政區立法機關制定的任何法律不符合本法關於中央管理的事務及中央和香港特別行政區的關係的條款，可將有關法律發回，但不作修改。經全國人民代

表大會常務委員會發回的法律立即失效。這說明，中央對特別行政區立法權確有監督的權力，但這種監督是受限的，僅限於關涉"中央管理的事務及中央和香港特別行政區的關係"的內容。其次，就行政權而言，香港基本法關於中央的監督權規定得不是很明確，但有些條文可作為中央監督行政長官及行政機關的依據。香港基本法第 43 條第 2 款規定，行政長官向中央政府負責；第 48 條第 9 款規定，行政長官執行中央人民政府就本法規定的有關事務發出的指令。這些條文內涵很豐富，可能為中央監督特別行政區提供了充足的法律依據，但香港基本法第 22 條明確規定，中央人民政府所屬各部門均不得干預香港特別行政區根據本法自行管理的事務。再次，就司法權而言，如前文所述，香港特別行政區在司法方面享有的自治水平最高，受到的中央監督也最少。香港基本法賦予香港司法機構幾乎全部的司法權，唯一的限制是香港特區法院不獨享有憲制性管轄權（constitutional jurisdiction），即全國人大常委會和香港法院都有權解釋基本法，但香港法院在對涉及非自治事項的案件作出不可上訴的終局判決前，應由全國人民代表大會常務委員會對有關條款作出解釋。[9] 根據香港基本法第 158 條，中央對特別行政區法院釋法的監督限於涉及"中央人民政府管理的事務或中央和香港特別行政區關係的條款"，同時這種監督不具有追溯力。可見，雖然中央可以對香港法院的釋法進行監督，但香港基本法對監督權的範圍、效力等作了嚴格限制。

　　綜合以上，就立法、行政和司法等各種授權的名目而言，中央確實有權對它們進行監督。但就以上權力所涉及的事項而言，不能概括地說中央都有監督權。如果以上權力所涉及到非自治事項，中央就監督；否則，中央不監督。關於此問題，吳建璠教授在起草基本時就有闡述，他認為香港自我管理內部事務，一部分事務的管理受中央監督，其他內部事務中央不再干預。[10] 王叔文教授也曾就此撰文指出，特別行政區的地方性事務由其自己管理，但有些事務要接受中央監督。其他地方性事務由特別行政區自己管理，中央不再干預。[11]

既然中央政府要對香港部分事務的管理進行監督，那麼就需要在香港政制內部找到落實中央政府意志的抓手，以實現中央政府對香港的管治，此抓手就是行政長官。香港特區立法會是民意機關，議員由選民選舉產生，向選民負責，不用向中央政府負責，中央政府難以直接通過立法會實現其管治香港的目的。法院是司法機關，根據香港基本法第 88 條，香港特別行政區法院的法官，根據當地法官和法律界及其他方面知名人士組成的獨立委員會推薦，由行政長官任命。只有終審法院的法官和高等法院首席法官的任命或免職，報全國人民代表大會常務委員會備案。其實，香港法官也沒有把自己定位為管治者，他們之所以對《白皮書》把香港法官歸於治港者提出異議，[12] 很可能因為 "將法院置於政治權力之外這一觀念可以說是西方固有的傳統，司法權是社會直接掌握的。這在古希臘羅馬是常態，在中世紀也是常態。因此才有黑格爾《市民社會理論》將司法權歸屬市民社會的理論" [13]。

中央政府難以通過香港特區立法會、香港特區法院實現其管治香港的目的，因此這艱巨的任務就落到行政長官身上。香港基本法第 43 條規定，香港特別行政區行政長官是香港特別行政區的首長，代表香港特別行政區。香港特別行政區行政長官依照本法的規定對中央人民政府和香港特別行政區負責。如何理解這裏的向中央政府"負責"？從香港基本法規定看來，有第48條第8項"執行中央人民政府就本法規定的有關事務發出的指令"、實踐中有"行政長官每年向中央政府述職，報告基本法貫徹執行情況"[14] 等。香港基本法第48條第8項規定"行政長官須執行中央人民政府就香港基本法有關事項發出的指令"，這可以理解為中央政府通過行政長官來實現對香港進行管治。再者，香港會不會出現立法會立法後不報中央政府備案、立法會繼續頒佈全國人大常委會發回的法律或香港法院不執行全國人大常委會根據158條[15] 釋法的問題？萬一出現這樣的問題應怎麼處理？這在香港基本法上找不到具體的解決辦法，中央政府只能依據香港基本法第48條第2項[16] 和第8項的規定，給行政長官發出指令，責其執行基本法的規定。

三、為規避政治風險須行使行政長官的任命權

近年來又有人提出，"中國各省的省長的任免權，法律上屬所在省的人大及其常委會，中央政府也無權干涉。《基本法》裏中央政府對行政長官的任命權本身就是'畫蛇添足'，不應當有的。"[17] 有不少人士認為，內地的省級行政區域的首長由本地人大選舉產生即可，不需報中央政府任命，而作為享有高度自治權的特別行政區的首長，還必須報中央政府任命，由此質疑特別行政區的高度自治權。內地地方行政首長，現在是當地人大選舉產生即可，不用報中央政府任命。但在1954年以前，省人民政府主席由省人民代表大會選舉，中央人民政府委員會批准

任命；中央或大行政區直屬市人民政府市長由市人民代表大會選舉，中央人民政府委員會批准任命；縣人民政府縣長由縣人民代表大會選舉，中央人民政府政務院批准任命；大行政區人民政府主席由中央人民政府委員會任命。但從 1954 年《地方各級人民代表大會和地方各級人民委員會組織法》實施開始，就改變為由本級人民代表大會選舉產生。[18] 雖然 1954 年以後，中國內地行政首長由本級人民代表大會選舉產生即可，不用中央政府任命，但在內地的政治生態下，中國共產黨各級組織通過向各級人大、政府和司法機關選派領導幹部執掌政權，以實現其對政權的領導。中國內地省級行政區域的行政首長雖是由同級人大選舉產生，但根據 "黨管幹部" 的原則，候選人都是經中央組織部認定的，實質還是先由中央決定人選。

香港作為被英國殖民統治了 150 多年的地方，政治生態與內地的省份有重大區別，這決定了中央政府要長期掌握行政長官任命權。香港一直存在讓中央政府擔憂的現象：一是有些人故意與中央政府對抗，如香港一些人士數次強烈反對全國人大常委會釋法，個別議員搞 "五區公投" 運動，還有少數港人闖軍營並提出讓駐軍滾出香港。二是有人一直主張推翻共產黨的執政地位。此種行為在中國內地就涉嫌危害國家安全罪，誠然在香港可能還沒有突破表達自由的界限，但已令有關方面高度警覺。三是有些香港極端人士還搞 "港獨" 活動，公然打出英國的米字旗，要求 "中國人滾回去"，甚至聲稱香港唯一的出路是獨立。行政長官具有廣泛的職權，在香港具有舉足輕重的地位，行政長官實際上是中央與特別行政區之間最重要的法律連接點。[19] 如果如此重要崗位被與中央政府對抗者佔據，那麼必然帶來系列的嚴峻後果。面對香港如此複雜的政治生態，為避免政治風險，中央政府自然不會放棄如此重要人選的任命權。

　　為了在複雜的政治生態中選出合適的行政長官人選，中央政府一直強調行政長官人選必須愛國，全國人大常委會在 "831決定" 中設計了一項很嚴格的候選人提名辦法，要求候選人必須獲得提名委員會半數委員的同意，意在保證在候選人是愛國者。當然，香港本地對愛國的標準也產生不同的看法。有人提出，愛國不等於愛政府，愛國更不等於愛黨。愛國主義不僅是調節個人與國家之間關係的道德要求，還是政治原則和法律規範，但這裏的 "國" 有祖國和國家等不同解讀。因為祖國總是同它所屬民族的國家政權存在著許多自然和社會因素的歷史聯繫（比如在疆域、民族構成、語言、歷史等方面的聯繫），所以人們往往把 "國家" 當作 "祖國" 的同義語使用。實際上，祖國和國家是兩個既有聯繫又有區別的概念。祖國是自己的民族生存發展的自然和社會環境，而國家，即政府，則是階級統治的工具。因此，愛國主義從來就具有愛祖國和愛國家兩種既有聯繫又有區別的含義。香港的分歧可能在於，中央政府強調的愛國是愛國家；而有些港人理解愛國是愛祖國，為了愛祖國有時必須反對政府的某些作法，甚至挑戰既有的政治制度。針對這種分歧，有關中央部門領導在講話中進一步明確愛國的內涵，指出愛國就是不能與中央政府對抗。不能對抗中央政府，作為愛國的最低限度要求，應屬消極愛國的意涵。上述那些企圖推翻內地執政黨、主張 "港獨" 等行為也可納入對抗中央政府的範疇，但比一般的對抗中央政府行為要嚴重得多。根據 "舉輕以明重" 的方法論，此類人士自然也不能擔任行政長官。對抗中央政府、主張推翻內地執政黨、宣揚"港獨"等行為者不能擔任行政長官的法律依據在哪裏？香港基本法中就能找到充足的法律依據，其中第 23 條規定任何叛國、分裂國家、煽動叛亂、顛覆中央人民政府及竊取國家機密的行為都是違法行為並應被禁止；第 48 條要求行政長官落實中央政府的指令，等等。"香港特首普選涉及'國家的主權、安全和發展利益'；……如果香港普選產生的特首時不'愛國愛港'而與中央對抗的人士，這將對中國的國家主權、安全和發展利益構成威脅。"[20]

此外，通過對中央政府任命權進行體系性解釋，可知此項權力確實是實質性權力。體系解釋是法律解釋的重要方法，意指將被解釋的法律條文放在整部法律中，聯繫此法條與其他法條的相互關係來解釋法律。"從一般含義上講，體系解釋作為法律解釋學中的傳統解釋方法，是以法律體系的融貫性和一致性作為解釋目標的，主張解釋者在法律條文的意義脈絡中解釋法律。"[21] 雖然香港基本法第 45 條沒有明確中央政府對行政長官的任命權是形式性權力、還是實質性權力，但結合基本法的其他有關條文來理解，就會發現此項權力確實是實質性權力。香港基本法第 43 條第 2 款規定，香港行政長官要"對中央人民政府和香港特別行政區負責"；香港基本法第 48 條第 8 項規定，行政長官"執行中央人民政府就本法規定的有關事務發出的指令"。如果把基本法第 45 條中的中央任命權理解為形式性權力，那麼基本法上述條文的規定就很難得以落實。另外，香港基本法第 73 條第 9 項規定，如立法會以全體議員三分之二多數通過關於行政長官嚴重違法或瀆職的報告，可提出彈劾案，報請中央人民政府決定。由此也幫助我們理解第 45 條中對行政長官的任命權是實質性權力。行政長官一職由誰擔任不是完全由香港選民決定的，還須要體現中央政府的意志，進一步說，由誰擔任行政長官是香港選民意志與中央政府意志的合一。採用體系解釋的方法，很容易得出中央任命權是實質性權力的結論。正如拉倫茨所說：〝在多種字義上可能的解釋之中，應優先考慮有助於維持該規定與其他規定 —— 事理上的一致性者。〞[22] 這表明對基本法第 45 條的理解需要結合其他有關條文，不然就會得到錯誤的結論。香港基本法第 45 條規定行政長官在當地通過選舉或協商產生，由中央人民政府任命。如此的制度安排是中央、地方兼顧的舉措，因為地方行政首長由本地議會或選民選舉產生有利於促使其關注本地事務、更好為當地居民服務，而中央政府任命地方行政首長自然有利於中央政府對地方的管治。

通過人大釋法明確中央政府的
選擇性任命權

全國人大常委會是解釋基本法的重要主體，可通過對香港基本法第 45 條進行解釋，明確中央政府對行政長官人選具有選擇性任命權。

一、全國人大常委會是釋法的重要主體

關於香港基本法的解釋問題，該法第 158 條專門做了規定。由該規定內容可見，香港基本法的解釋主體有香港法院和全國人大常委會，其中全國人大常委會對基本法的解釋具有最高的效力。回歸以來全國人大常委會先後於 1999 年、2004 年、2005 年、2011 年和 2016 年分別就香港永久性居民在香港以外所生中國籍子女的居留權問題、行政長官產生辦法和立法會產生辦法修改的法律程序問題、補選產生的行政長官的任期問題、國家豁免原則和立法會議員等公職人員宣誓等問題，對香港基本法及其附件的有關條款作出解釋。以上釋法可以分為涉訴解釋和非涉訴解釋兩大類，其中屬前者的有 1999 年和 2011

年的釋法，屬後者的有 2004 年、2005 年和 2016 年的釋法。關於全國人大常委會釋法有較多爭議，此處僅探討全國人大常委會釋法的性質、釋法的方式和釋法的範圍等與解釋第 45 條關係特別密切的問題。

關於全國人大常委會解釋基本法的性質，學界有不同的看法。主流觀點認為是立法行為，因為全國人大常委會對法律的解釋一直被稱為立法解釋。也有個別學者認為此行為屬司法行為，陳端洪教授就曾指出，全國人大常委會解釋基本法的權力在本質上屬司法權。[23] 筆者認為把全國人大常委會釋法定性為立法很可能欠妥，因為：其一，全國人大常委會對法律的解釋稱為立法解釋，這是在中國內地相對最高法院、最高檢察院對法律的具體應用解釋而言。不能因為全國人大常委會被認為是立法機關，就得出解釋法律是立法行為的結論。全國人大常委會解釋基本法的權力不是它作為立法機關的權力，而是作為權力機關的權力，進一步說是它作為護憲機關的權力。第二，回歸以來全國人大常委會先後進行的五次釋法中，有三次屬非涉訴解釋，帶有一定的立法的特性，而 1999 年和 2011 年釋法屬涉訴解釋，就帶有鮮明的司法色彩，真切地體現了香港基本法"給中央保留事實上的最低限度的司法主權"[24]。第三，全國人大常委會的釋法之所以在香港引起如此大的反彈，很重要原因是有些港人受普通法理念的影響認為法官才是唯一合資格的法律解釋者，全國人大常委會作為立法機關無權解釋基本法。如果我們強調全國人大常委會對基本法的解釋行為是立法行為，港人更難以接受，因為這顯然不符合香港基本法的規定——該法第 159 條規定，本法的修改權屬於全國人民代表大會，因為只有全國人大才可以修改基本法。

強調全國人大常委會的釋法行為本質上屬於司法行為，有利於港人自覺接受全國人大常委會的釋法。況且，即使把全國人大常委會釋法理解為司法行為，也不否定司法帶有立法的成分。正如本傑明豪德利主教所說："無論是誰，只要他擁有絕對的權力去解釋任何成文或不成文的法律，那麼他才差不多等於真正的立法者，而不是那些最初寫下或說出法律的人。"[25] 中國最高人民法院的司法解釋就具有濃厚的立法色彩，"存在三種立法化傾向：解釋內容抽象化，形式與效力的準法律化，以及起草方法的民主化"[26]。全國人大常委會過去對香港基本法的有關條款解釋，也有創制規則的內容。例如，2004 年關於行政長官產生辦法和立法會產生辦法修改的法律程序問題的解釋，就把香港政制發展的程序由原來的 "三步曲" 改為 "五步曲"，[27] 全國人大常委會由此獲得決定香港是否進行政改的權力。歷史上 1999 年、2011 年進行的涉訴解釋，也包含一定的立法成分。

全國人大常委會釋法是主動進行，還是被動進行？在全國人大常委會五次釋法中，有三次釋法都是行政長官主動提出，可以說是行政長官啟動全國人大常委會的釋法程序。在行政長官參與的三次釋法中，有兩次建議是行政長官向國務院提出，一次建議是行政長官向全國人大常委會委員長提出。在回歸以來的五次釋法中，除了 2016 年一次主動釋法外，其餘四次都是被動釋法。在這四次被動釋法中，1999 年、2004 年、2005 年釋法是由香港行政長官提出，2011 年的釋法是由香港終審法院提出。1999 年、2004 年、2005 年釋法雖然最初都是由特區行政長官提出，但在程序上不完全相同。1999 年 5 月，時任香港特別行政區行政長官董建華向國務院提交報告稱，香港特區終審法院當年 1 月就 "香港居民在內地所生子女的居留權案件" 所作的判決，擴大了香港居民在內地所生子女獲得香港居留權的範圍，並認為這些子女無須經內地有關機關批准，即可進入香港特區定居，這一判決內容與香港特區政府對基本法有關條款的理解不同，請求國務院提請全國人大常委會對基本法有關條款作出解釋。2004 年的釋法是由時任行政長官董建華於 2004 年 4 月向吳邦國委員長提出來的，請全國人大常委會依照香港基本法第 45 條和第 68 條的規定，根據香港特別行政區的實際情況和循序漸進的原則確定是否可以修改 2007 年及 2008 年的香港特別行政區的行政長官和立法會產生辦法。2005 年的釋法是時任署理行政長官曾蔭權向國務院提交了請求國務院提請全國人大常委會就香港基本法第 53 條第 2 款關於補選行政長官任期的問題作出解釋的報告。就此三次釋法而言，筆者認為 1999 年、2005 年釋法程序更合理，因為特別行政區直轄於中央政府，特別行政區的釋法報告經國務院轉提交給全國人大常委會更合適。從以上可見，全國人大常委會是主動釋法，還是被動釋法，與涉訴解釋、還是非涉訴解釋，沒有必然的關係。香港終審法院在 "劉港榕案" 判詞中說，全國人大常委會既可被動釋法，又可以主動釋法。筆者認為全國人大常委會被動釋法為宜，因為全國人大常委會對釋法保持謙抑的態度，"有利於保障特別行政區的高度自治權，維護特別行政區居民對實行 '一國兩制' 的信心，消除他們的某些憂慮和擔心"[28]。

全國人大常委會釋法是限於涉及中央人民政府管理的事務或中央和香港特別行政區關係的條款，還是對基本法的全部條款都可以解釋？現實中對此出現了爭議。王磊教授認為，"授權主體一旦作出授權，授權事項應當屬被授權主體，也即對授權主體產生限制作用，除非全國人大修改基本法以收回授權事項歸全國人大常委會。"[29] 但也有學者持不同看法，主張"授權不是分權，全國人大常委會不因授權而喪失其依法獲得的權力"[30]，言外之意是全國人大常委會仍然可以行使對自治範圍內條款的解釋權。香港終審法院在"劉港榕案"判詞中說，全國人大常委會釋法的範圍不限中央管理事務和中央與特別行政區關係條款，對基本法所有條款都可以解釋。[31] 法官此見解是採納了佳日思教授的觀點，即全國人大常委會享有一般權力解釋基本法，該項權力是"全面的，因其涵蓋《基本法》所有條款"[32]。陳弘毅教授針對此種觀點指出，"如果以後人大常委會經常使用這個廣泛的權力，那麼香港法院自行解釋《基本法》的司法自治體制，便會大為削弱，香港的法治和司法獨立的國際形象也將受損。因此，人大常委會在行使此權力時，必須三思後行。"[33] 我們認為，香港基本法規範作為憲法的特別規範[34]，限制了全國人大常委會依據憲法擁有的權力，"基本法類似於一個閘門，對已然是國家重要憲法機關的全國人大常委會進行'重新授權'，而沒有被授權的部分則相當於未通過'閘門'，從而不得進入到'基本法體制內的全國人大常委會權力序列'之中。"[35] 故此，全國人大常委會對香港特別行政區行使權力應依據香港基本法。全國人大常委會不對自治範圍內條款進行解釋也符合立法原意。在基本法起草委員會第八次全體會議上，中央與香港特別行政區的關係專題小組對條文修改情況的報告中就此指出："由於此項授權，全國人大常委會對香港特別行政區法院在審理案件時涉及的基本法關於香港特別行政區自治範圍內的條款不作解釋。"[36]

總之，關於全國人大常委會釋法問題，筆者認為，在釋法行為性質上，儘量理解為司法行為，但這並意味著釋法不能包含立法的成分；在釋法範圍上，應限於涉及中央政府管理的事務或中央和香港特別行政區關係的條款；在釋法方式上，可主動、也可被動，應以被動為原則，以主動為例外，也就是說全國人大常委會能不釋法就不釋法，尤其是儘量不主動釋法。具體聯繫到基本法第 45 條問題，鑒於任命行政長官屬中央政府管理的事務，全國人大常委會完全可以進行解釋，但在釋法方式上最好採取被動方式進行。

二、中央政府選擇性任命權的確定和行使

香港基本法第 45 條規定行政長官最後由中央政府任命，這是 "守尾門" 的法律依據。有關部門一直強調這裏的任命權是實質性的，即可任命也可不任命。李飛先生曾指出，"中央在制定對香港基本方針政策和香港基本法時就已明確指出，中央人民政府的任命權是實質性的。對在香港當地選舉產生的行政長官人選，中央人民政府具有任命和不任命的最終決定權。"[37] 此種 "守尾門" 的制度安排確實可以排除中央政府不認可者成為香港行政長官，但也有風險。

實踐證明，完全靠 "守前門" 的選舉方案是極難在香港立法會獲得通過的，將來必然降低候選人 "出閘" 的門檻，這就要求得 "守尾門"。但需改進 "守尾門" 的措施，以增加 "守尾

門"的靈活性和適應性。改進的辦法就是,規定若中央政府對得票最多的參選人不滿意,可"退而求其次",從而實現行政長官人選既具有較高的民意基礎,又得到中央政府認可的目標。但中央政府對這種選擇性的任命權應自我約束,如果第二名的得票數與第一名相差較大,則自覺不任命第二名。筆者在北京大學 2014 年 3 月舉辦的研討會上提出該想法。筆者後來驚喜地見到劉山鷹研究員在 2014 年 7 月發表的文章也提出中央政府對香港行政長官人選"擇一任命權"的觀點。[38] 他還指出在中國上世紀 20 年代的聯省自治運動中,廣東省頒佈的縣自治暫行條例規定,民選縣長由縣民選出三人,再由省長擇一委任。湖南省憲法則規定,縣長由縣議會選舉六人,交由全縣公民決選二人,呈請省長擇一任命。[39] 筆者於 2017 年 1 月很高興見到,陳弘毅教授也曾提出中央政府對香港行政長官人選可以選擇性任命的觀點,他說"如中央認為在普選中勝出的候選人不符合有關標準,可不予以任命,並任命獲第二支持度的候選人"[40]。

中央政府對於行政長官人選選擇任命的依據就是香港行政長官不是香港選民能夠單方面決定的,而是香港選民意志與中央政府意志的合一。至於雙方各佔多少比例,則難以準確劃分。若堅持"五五開",即香港選民意志與中央政府意志的比重各佔一半也是可以說得通的。結合行政長官人選的選舉得票數而言,如果得票排名第二者比得票最多者之得票差少於 49%,中央政府也可對第二名者加以任命。但為了行政長官人選在香港本地具有較高的認受性,以滿足順利施政的需要,中央政府內部對於"得票差距較大"可規定為 30%,在此界限以內的,可加以任命。反之,對於超過此界限的,儘量不加以任命。在起草基本法時，香港就有意見建議由香港提出數名行政長官人選，中央政府從中擇一任命。有的主張組織一個十人特別委員會，負責向中央提出三名行政長官候選人，由中央決定從中選擇任命一名。[41] 有的主張組織由十人構成的提名小組，以立法局、公務員和其他各界人士各推薦一名賢達，然後由中央政府從三人中選擇一位作為行政長官。[42] 有的主張首屆行政長官由中英聯絡小組會同行政、立法兩局及當時的行政首長提名若干候選人，由中央政府作最後決定委任。以後各屆行政長官的產生，除了中英聯絡小組不再參加提名以外，仍可用以上所提方法產生。此模式的好處是由於中央政府與香港特別行政區人士共同協商決定人選，可以避免日後中央與地方的矛盾。[43]

關於中央政府對行政長官人選的任命權，香港社會一直存在不同認識。有些人一直堅持認為這種任命權只是形式性的，即中央政府對香港確定的人選必須任命，不得不任命。故此，由香港特區政府向國務院提起釋法報告，也是必要的。特別行政區的釋法報告經過國務院，轉化為提交給全國人大常委會的釋法議案。全國人大常委會就香港基本法第 45 條解釋的內容可以明確香港行政長官人選不是香港選民單方面就能決定的，而是香港選民意志與中央政府意志的合一。據此，中央政府對行政長官人選具有選擇性任命權。此選擇性任命權內涵為兩個方面：一方面，對於行政長官人選中央政府可以任命，也可以不任命，[44] 即在任命與不任命之間選擇；另一方面，對得票最多的兩位候選人擇一任命，即在得票最多的兩名候選人之間選擇。香港特區政府需要據此修改《行政長官選舉條例》的有關規定，明確香港本地產生的行政長官人選為得票居前的兩名候選人，並把其上報給中央政府擇一任命。

中央政府行使對行政長官的任命權是否需要法律標準？對此，有學者提出應需要相關的法律標準，且主張任命行政長官的法律標準包括"特首應當尊重憲法和基本法，承認香港特區作為中華人民共和國不可分離的一部分的地位"、"特首應當尊重中央根據基本法所享有的權力"和"特首應當忠實於'一國兩制'方針"。[45] 其實以上三方面的內容就是尊重憲法和香港基本法，因為香港基本法是"一國兩制"的具體化和法律化，尊重香港基本法包括尊重中央根據基本法所享有的權力和承認香港特區作為中華人民共和國不可分離的一部分的地位。[46] 如此的法律標準在香港基本法中已經存在，而且更加嚴格，因為香港基本法第 104 條規定香港特別行政區行政長官、主要官員、行政會議成員、立法會議員、各級法院法官和其他司法人員在就職時必須依法宣誓擁護中華人民共和國香港特別行政區基本法，效忠中華人民共和國香港特別行政區，這可視為行政長官任職的積極標準。

行政長官的任命標準是否應強調尊重憲法呢？筆者認為，行政長官的任命標準不用強調尊重憲法，因為雖然憲法的某些條款不在特別行政區實行，但憲法作為國家主權在法律形態上的最高表達，在特別行政區也具有最高的法律效力，香港行政長官作為中央政府在特別行政區的代表，自然必須尊重憲法確立的制度和秩序，這是不證自明的道理，無需再以制定法來明確。

此外，在中央政府任命行政長官之前，行政長官人選得履行《行政長官選舉條例》第 31（2）條的有關規定，即必須在宣佈當選的 7 個工作日內表示其不是任何政黨[47]成員，也不會成為任何政黨的成員。該規定可視為行政長官獲得任命的消極標準。香港候任行政長官梁振英就曾在太平紳士陳家駒的見證下，透過電視，簽署法定聲明："我向香港作出謹以至誠鄭重聲明，本人不是任何行政長官選舉條例，第 569 章第 31（2）條所界定的政黨成員，本人謹憑藉宣誓和聲明條例第十一章，衷誠作出宣誓和鄭重聲明，並確信其為真確無訛。"[48]如果採用中央政府從得票最多的兩名參選人中選擇任命行政長官的辦法，該條文需修改為"在選舉中勝出的前兩名候選人必須在選舉管理委員會主任宣佈選舉結果的 7 個工作日內表示其不是任何政黨成員，也不會成為任何政黨的成員"。

對行政長官非政黨背景的規定，在香港引致很多反對。在 2009 年年底至 2010 年年初第三屆特區政府就 2012 年行政長官產生辦法進行公眾諮詢期間，立法會大部分提出相關意見的黨派和議員都建議取消此規定。其實，目前的規定比最初全國人大常委會香港特別行政區籌備委員會的規定要寬鬆許多，因為 1996 年 10 月香港特別行政區籌委會通過的《第一任行政長官人選的產生辦法》第 4 條規定，"有意參選第一任行政長官的人應以個人身份接受提名。具有政黨或政治團體身份的人在表明參選意願前必須退出政治團體。"按原規定，有政黨身份者不可作為行政長官候選人，而現規定有政黨身份可以作為行政長官候選人，但當選後必須在七個工作日內退出所在政黨、並表示任職期間不加入任何政黨。這種規定有些讓人費解，但存在這樣相同或相似的情況並非僅有香港一地。[49]香港行政長官非政黨身份的規定會長期不變，但隨著香港政黨政治的發展，未來行政長官應會有政黨背景，雖然其退出所在政黨，但其施政須要原政黨的支持，香港也會出現類如俄羅斯的"政權黨"。

總之，以上行政長官任職的積極標準和消極標準已分別有香港基本法和《行政長官選舉條例》加以規制，故無需再通過全國人大常委會釋法等其他途徑來加以確定。

鑒於香港歷史上發生的案例，在此需要強調中央政府對行政長官的任命權不受香港司法覆核（judicial review）。[50] 前香港特區行政長官梁振英就任前夕，被傳媒揭發大宅有多處僭建，並已存在多年。而梁振英在行政長官選舉期間稱自家大宅沒有僭建，並指競爭對手唐英年大宅僭建涉及誠信問題。梁振英大宅僭建被曝，梁振英被認為在行政長官選舉期間存在言論誤導和失實。2012 年 7 月 5 日中午，在香港行政長官選舉中落敗的何俊仁正式向高等法院申請司法覆核，同時提交選舉呈請，要求推翻選舉結果。而當時身為選委的立法會議員梁國雄也就梁振英在行政長官選舉期間作失實陳述，申請司法覆核許可。司法覆核申請被高等法院拒絕，理由是法院不同意以香港基本法第 47 條，即行政長官必須廉潔奉公、盡忠職守的條文，作為申請司法覆核的理據，有關條文只適用於行政長官上任之後，針對梁振英在選舉期間的存在言論誤導和失實應透過選舉呈請去挑戰選舉結果。[51] 筆者認同香港法院駁回司法覆核的申請，但不完全認同法院的理據。在何俊仁等提出司法覆核之前的 2012 年 3 月 28 日，時任國務院總理溫家寶主持召開國務院第七次全體會議，決定任命梁振英為香港特別行政區第四任行政長官。梁振英經中央政府任命為香港行政長官後，就不能再就其在選舉期間存在言論誤導和失實行為向香港本地選舉機構呈請，因

為香港本地選舉機構處理選舉爭議存在時效的規定，根據香港
《行政長官選舉活動指引》第 20 章 "投訴程序" 中的規定，所有
投訴必須盡速提出，延遲作出投訴可能會引致所採取的補救措施
徒勞無功，在有關選舉日後 45 日之後提出的投訴概不受理 [52]。
梁振英經中央政府任命為香港特區行政長官後，香港司法機關
就不應接受就此提出的司法覆核申請，因為中央政府任命行政
長官的權力屬主權權力，該權力不受香港本地司法管轄。當事
人唯一可循的途徑是向國務院提出呈請，如果國務院認定呈請
理據充足，就可以撤銷任命。將來中央政府依據全國人大常委
會釋法行使對行政長官人選的選擇性任命權，同樣也不受香港
司法覆核。

中央政府任命權的行使需與
其他措施相結合

———— • ————

中央政府通過行使行政長官任命權來排除不認可者擔任行政長官，即"守尾門"，如同"守前門"、"守中門"一樣，都具有風險，只是面臨風險的種類不同而已。這裏的風險大體分為三種，一種是設計高門檻的政改方案極難在立法會獲得通過；另一種普選得票居前者可能是中央政府不認可的人；還有一種是拒絕任命得票居前者可能引致憲政危機。故此，為規避以上風險，"守尾門"需要與"守前門"、"守中門"等措施相結合，即對"前門"、"中門"和"尾門"進行系統防守。

一、單獨防守之風險

"守尾門"可能存在系列問題。其一，"守尾門"很可能使中央政府比較被動，如果中央政府否決在香港普選中的獲勝者，就有不尊重香港民意之嫌。其二，如果香港重新舉行行政長官選舉，未獲中央政府任命者繼續當選的可能性極大。因為有些中間選民在逆反心理的作用下，會改變投票以支持未獲中央政府任命者，而其"鐵票"並不會因沒有得到中央政府的批准而減少。其三，如果中央政府否決香港產生的行政長官人選，香港就得重新舉行選舉，而選舉工程浩大，不僅增加政府公帑支出，還增添選民的勞務。很可能考慮到以上因素，中央政府針對 2017 年可能舉行的行政長官普選並沒有依靠"守尾門"的措施，而是採用"守前門"的辦法，即在提名階段就篩掉中央政府不認可者。在多年前就有學者對此進行了探討，王叔文教授指出，為避免此憲政危機，就只能依靠非正式的事前溝通，把候選人名單提交中央政府徵詢意見，待地方和中央政府就候選人名單達成一致意見後再付諸正式程序。[53] 這是理想化的設想，實踐中極難按此實施，比如把哪些人確定為候選人就是很大的問題。即使採用改進的"守尾門"機制，即擇一任命，增加了中央政府任命權的靈活性，但也很可能要面對得票最多的兩個候選人都不是中央政府認可的人的問題，特別是劉山鷹研究員主張在候選人提名階段打開"公民提名"的閘口，[54] 必然大幅度提高中央政府擇一任命的被動性。

從體現中央意志的效果來看，"守前門"效果最好，中央政府通過規定候選人必須獲得全體提名委員半數以上同意，在提名委會成員大多是建制派人士的情況下，在此環節就能把中央政府不中意的人選去掉。"831 決定"就是"守前門"的方案。但如此"守前門"的辦法至少要面對如下三個問題：一是香港基本法第 45 條第 2 款規定，行政長官的產生辦法根據香港特別行政區的實際情況和循序漸進的原則而確定，最終達至由一個有廣泛代表性的提名委員會按民主程序提名後普選產生的目標。其中的"民主程序"是否有具體的含義？如果有具體含義，异否就是"少數服從多數"？其實，這裏的"民主"一詞只是起到修飾作用，沒有具體的含義。如果一定要確定民主程序的含義，那就是實現實體民主的條件、方式和途徑，也並非是少數服從多數。類似的情況是在香港基本法中還有第30條中的"法律程序"一詞，僅指人們遵循法定的時限和時序並按照法定的方式和關係進行法律行為，本身並不包含關於時間、順序、方式等特定的內容。

二是"每名候選人均須獲得提名委員會全體委員半數以上的支持"會不會影響普選的認受性？提名委員會不僅要篩選掉"與中央對著幹的人"，因為"與中央對著幹"不符合"一國"原則；而且要篩選掉"不能維護香港利益，不能維護香港現有資本主義制度"，和"不能維護港人已有生活方式的人"。[55] 目前的提名辦法不僅會把極端泛民主派人士篩掉，也會把溫和泛民主派人士篩掉，而香港在非普選時代還曾有梁家傑、何俊仁兩名泛民主派人士成功成為候選人角逐行政長官職位。對此，已有港人對如此普選的認受性提出質疑，並認為這是"假普選"。

三是在泛民主派議員佔香港立法會議員總數三分之一以上的情況下，如此"守前門"的方案極難在立法會獲得三分之二多數議員同意，政制發展就極可能原地踏步。2015年6月18日香港立法會就2017年行政長官普選方案進行表決，就未獲通過。在建制派議員人數所佔比例不到全體議員的三分之二的情況下，將來類似的方案極難獲得通過。其實，有關方面對此應已有思想準備，因為"831決定"明確提出"如行政長官普選的具體辦法未能經法定程序獲得通過，行政長官的選舉繼續適用上一任行政長官的產生辦法"。實踐證明，完全靠如此高門檻

的 "守前門" 方案是能夠把門守住，但行政長官選舉制度無法實現變革。從切實實現行政長官普選的目的而言，此種方案不可取。還有一種 "守前門" 的辦法，就是提名委員會提名若干候選人報中央政府批准後再進行全港普選。何鍾泰等人在起草基本法時提出，由行政長官遴選委員會推選三至五名行政長官候選人，經中央批准後，交全港市民普選。[56] 確定行政長官候選人經中央批准的意見在香港基本法第 45 條第四稿中也得以體現，其中規定從第四屆行政長官開始由顧問團提名候選人經中央同意後，交由選舉團選舉產生。[57] 該建議表明行政長官人選得體現中央政府意志，無疑是正確的。中央政府如何批准遴選委員會推選的候選人？從常理而言，中央政府的批准權也是實質性的，如果發現有候選人不中意，完全可以將其從名單中去掉。但這樣做，有剝奪候選人的被選舉權之嫌，難以為港人所接受。因此，如此的方案也極難在立法會得以通過。

"守中門" 是在選民投票階段通過對選舉方式的設計，來體現中央政府對行政長官人選的意志，但單獨 "守中門" 也難以確保普選勝出者是中央政府認可的人。香港方志恆博士認為 "兩輪投票制"[58] 就是能夠 "守中門" 的方案。筆者不認同香港行政長官普選採用 "兩輪投票制"，但不否認該種選舉制度能夠在很大程度上保證行政長官人選會為中央政府認可。因為 "兩輪投票制" 屬絕對多數制，在假定香港多數選民是務實理性的前提下，與中央對抗的候選人很難當選。問題的關鍵是這個假定是否成立，即香港多數選民是否真是務實理性。因香港選民登記及投票率不高，決定了實際參選的選民只佔合資格選民總數的約 35%，[59] 約 65% 的合資格選民沒有參加選民登記，或有的去登記了但最終沒有去投票。這些選民就屬於通常所說的 "沉默的大多數"，動員這些 "沉默的大多數" 儘量多地參加行政長官普選，這在很大程度上能夠保證行政長官人選不是與中央對抗的人。因為通常認為這些 "沉默的大多數" 應是理性的，他們通常對政治不感興趣，一般也不會被政治事件所左右。與一般選民相比，他們對待行政長官選舉更會務實，會傾向於選擇能夠與中央政府進行有效溝通的候選人。當然香港文化協進智庫總裁、香港文匯報前總編輯李曉惠先生對此不以為然，他說就立法會選舉而言，能夠動員的合資格選民都被建制力量動員，未去投票的基本不會支持建制派候選人。如果在行政長官普選中，擴大選民數量的結果不僅不會增加建制派候選人的選票，反而會把支持泛民主派候選人的選民動員起來而有利於泛民主派候選人。[60] 李曉惠先生的擔心也有其道理。還有一個需要探討的問題，即那些佔合資格選民總數約 35% 去投票的選民大多數是務實理性的嗎？實踐表明也未必是。香港政治生態存在兩個 "六四定律"，即在立法會分區直選中建制派候選人與泛民主派候選人得票率約是 4：6，而建制派獲得議席數與泛民主派獲得的議席數比例約是 6：4。也就是說那些佔合資格選民總數約 35% 去投票的選民中的 60% 是支持泛民主派的候選人。當然有人可能說，香港選民希望選擇一個與特別行政區政府對抗的立法會，但會選擇一個與中央政府合作的行政長官，故在立法會選舉中會傾向於選擇泛民主派的候選人，而在行政長官選舉中會傾向於選擇建制派的候選人。正如陳弘毅教授所說，至於行政長官選舉，在過去兩次有泛民主派人士參加的行政長官選舉民意調查或模擬全民投票中，佔上風的是建制派候選人，而非泛民主派候選人。這很可能是因為市民認識到行政長官人選最好是有在政府高層工作經驗和能與中央有效溝通、得到中央信任者。[61] 這種判斷應是正確的，但僅屬通常情況，如前所述，如果中國內地在香港行政長官普選期間出現敏感公共事件，港人就很可能傾向於選擇一個對抗中央的行政長官候選人，特別是在目前只有較小比例合資格選民參加投票的情況下。

二、綜合防守之措施

從以上分析可知，單獨"守尾門"或"守中門"未必就能守得住；而單獨"守前門"，就等於把提名搞成預選，必然引起香港社會的嚴重反彈，這種方案極易造成香港政制發展原地踏步，實踐也證明這樣的方案確實行不通。行政長官任命權的行使需與"守前門"、"守中門"等措施相結合，即對"前門"、"中門"和"尾門"進行系統防守。

香港行政長官人選應體現中央政府意志，而中央政府的意志可分散於行政長官產生程序的提名、選舉和任命三個環節來系統體現，避免中央政府意志集中於某一環節體現而造成對香港社會巨大的衝擊。時任香港特區律政司司長袁國強先生於 2015 年 2 月 6 日在與李飛等中央官員就香港政改問題交換意見後向媒體表示，2017 年落實行政長官普選不代表是終極方案。[62] 袁國強在 2015 年 3 月會見傳媒時再次指出，無論 2017 年、2022 年或以後的政改安排，均可根據基本法第 45 條和附件一第 7 條，以及政改"五步曲"修改。他指出，"法律其實是很清楚的，2017（年）這一個並非終極方案，大家可以絕對放心。"[63] 2017 年香港政制發展已原地踏步，未來設計 2022 年行政長官普選辦法時，仍應考慮設置門檻以 "守前門"。但門檻應適度降低，如規定獲得提名委員會六分之一委員支持即可成為候選人（每名提名委員會委員投一票），以切實讓溫和泛民主派人士看到希望。這種方案會得到多數選民的支持，因為它不會使選民對候選人的選擇權受到過分限制。鑒於溫和泛民主派人士認同依據提名委員會提名產生行政長官候選人，[64] 對於這種提名門檻適度降低的方案，他們會予以支持。這種門檻適度降低的方案也接近建制派學者的主流觀點，如全國人大常委會香港基本法委員會委員、香港大學法學院陳弘毅教授曾建議，擴大提名委員會的選民基礎，提名委員會的機構提名程序應設兩個關卡，參選人先要取得一定份額的委員個人提名，然後由委員一人一票選出最多五名人選成為候選人。[65] 北京大學法學院饒戈平教授建議，由提名委員會對每位參選人實行逐個表決，表決結果公開，獲得選票最多的前 N 位參選人可成為機構正式提名的行政長官候選人。[66] 如此的方案既可過濾掉泛民主派中的激進人士，也讓溫和泛民主派人士看到希望，會產生持不同政見的候選人，令香港市民相信 "真的有得選"。其次是 "守中門"，通過激勵理性的 "沉默的大多數" 港人參加選舉，促使能夠與中央政府進行溝通的候選人得票居先。如果按前述辦法 "守前門"、"守中門"，那麼在普選中得票最多者應是中央政府認可的人，"守尾門" 也就成為在出現意外情況下的備用措施，通常是備而不用。

此外，以上系統守門的方案應分解開來由不同主體、不同途徑上升為法律。"守尾門" 方案，可由全國人大常委會釋法確定。"守中門"方案，由香港立法會立法即可。"守前門"的方案不宜由全國人大常委會決定，因為這樣會產生與香港基本法附件一的有關規定衝突的嫌疑。香港基本法附件一規定："2007年以後各任行政長官的產生辦法如需修改，須經立法會全體議員三分之二多數通過，行政長官同意，並報全國人民代表大會常務委員會批准"，這清晰表明全國人大常委會有對香港行政長官選舉改革方案內容在香港本地確定後的審批權，而可能沒有對行政長官選舉改革方案內容在香港本地確定前的決定權。即使根據全國人大常委會作出的關於香港政制發展的"五步曲"的規定，全國人大常委會只能決定香港行政長官選舉方案是否需要修改，也不宜就未來改革的內容進行事先決定。故此，"守前門"的方案，應由香港特別行政區政府向立法會提出，經立法會全體議員三分之二多數通過，行政長官同意，報全國人大常委會批准後執行。

總之，香港基本法第 45 條規定行政長官最後由中央政府任命，其實就是中央"守尾門"的制度安排，但此種制度安排也存在風險。鑒於行政長官人選是香港選民意志與中央政府意志的合一，我們可以通過釋法明確中央政府對行政長官人選具有選擇性任命權，以增強"守尾門"的靈活性和適應性。即使是這樣，也不能完全保障得票居前者是中央政府認可的人，故此中央政府對行政長官任命權的行使需與"守前門"、"守中門"等措施相結合。以此思路來設計香港行政長官普選方案，應可以最大程度保障方案在香港立法會得以通過，且行政長官人選得到香港選民和中央政府雙方的認可。

1. 甄鵬：〈再談香港行政長官的普選與任命〉，360 個人圖書館網，http://www.360doc.com/content/14/0726/10/13262830_397147787.shtml（最後訪問日期：2018 年 9 月 8 日）。

2. 蕭蔚雲：〈關於香港特別行政區基本法的幾個問題〉，《法學雜誌》2005 年第 2 期，第 7 頁。

3. 韓大元：〈香港基本法第 45 條解析：中央政府對香港特區行政長官任命權〉，《中國法律》2015 年 6 月刊，第 37 頁。

4. 葉正國：〈我國國家結構形式的反思與重構 —— 基於特別行政區制度的思考〉，《太原理工大學學報》（社會科學版）2014 年第 4 期，第 21 頁。

5. 任進：〈論地方行政首長的法律地位與產生方式〉，《國家行政學院學報》2008 年第 4 期，第 38-39 頁。

6. 楊德山編譯：〈法國地方行政 —— 層級設置・分權改革・效果評估（上）〉，《北京行政學院學報》2000 年第 4 期，第 77 頁。

7. 〈薩科齊炒掉法國一省長〉，《三峽晚報》2009 年 6 月 18 日。

8. 董立坤：《中央管理權與香港特區自治權的關係》，北京：法律出版社 2014 年版，第 36 頁。

9. Anton Cooray, "Book Review", *Asia Pacific Law Review* 22(3), p158.

10. Wu Jianfan, "Several Issues Concerning the Relationship between the Central Government of the People's Republic of China and the Hong Kong Special Administrative Region", (1988) *Journal of Chinese Law* (2), p65.

11. 王叔文主編：《香港特別行政區基本法導論》，北京：中共中央黨校出版社 1990 年版，第 81 頁。

12. 香港終審法院前首席法官李國能先生在香港《明報》（2014 年 8 月 15 日）所發表的〈法官沒有任何主人〉一文中指出，在司法獨立的原則下，"法官不應該親任何人或事，或反任何人或事"，無論在政治上或其他方面，法官"只對法律本身忠誠"，並"沒有任何主人"。

13. 周永坤：〈議行合一原則應當徹底拋棄〉，《法律科學》2006 年第 1 期，第 60 頁。

14. 《"一國兩制"在香港特別行政區的實踐白皮書》，中國新聞網，http://www.chinanews.com/ga/z/html/yiguoliangzhibaipishu.shtml（最後訪問日期：2018 年 9 月 8 日）。

15. 香港基本法第 158 條具體內容如下："本法的解釋權屬於全國人民代表大會常務委員會。全國人民代表大會常務委員會授權香港特別行政區法院在審理案件時對本法關於香港特別行政區自治範圍內的條款自行解釋。香港特別行政區法院在審理案件時對本法的其他條款也可解釋。但如香港特別行政區法院在審理案件時需要對本法關於中央人民政府管理的事務或中央和香港特別行政區關係的條款進行解釋，而該條款的解釋又影響到案件的判決，在對該案件作出不可上訴的終局判決前，應由香港特別行政區終審法院請全國人民代表大會常務委員會對有關條款作出解釋。如全國人民代表大會常務委員會作出解釋，香港特別行政區法院在引用該條款時，應以全國人民代表大會常務委員會的解釋為準。但在此以前作出的判決不受影響。全國人民代表大會常務委員會在對本法進行解釋前，徵詢其所屬的香港特別行政區基本法委員會的意見。"

16. 香港基本法第 48 條第 2 項內容是："行政長官負責執行本法和依照本法適用於香港特別行政區的其他法律。"

17. 甄鵬：〈再談香港行政長官的普選與任命〉，360 個人圖書館網，http://www.360doc.com/content/14/0726/10/13262830_397147787.shtml（最後訪問日期：2018 年 9 月 8 日）。

18. 任進：〈論地方行政首長的法律地位與產生方式〉，《國家行政學院學報》2008 年第 4 期，第 40 頁。

19. Johannes Chan, C. L. Lim (eds.), *Law of the Hong Kong Constitution*, (Hong Kong: Thomson Reuters Hong Kong Limited, 2011), p183.

20. 陳弘毅：《一國兩制下香港的法治探索》（增訂版），香港：中華書局（香港）有限公司 2014 年版，第 281-282 頁。

21. 王彬：〈體系解釋的反思與重構〉，《內蒙古社會科學（漢文版）》2009 年第 1 期，第 62 頁。

22. 【德】拉倫茨著，陳愛娥譯：《法學方法論》，北京：商務印書館 2003 年版，第 205 頁。

23. 陳端洪：《憲治與主權》，北京：法律出版社 2007 年版，第 179 頁。

24. 強世功：〈司法主權之爭 —— 從吳嘉玲案看 "人大釋法" 的憲政意涵〉，《清華法學》2009 年第 5 期，第 18 頁。

25. 【美】基斯·威廷頓著，牛悅譯：《司法至上的政治基礎 —— 美國歷史上的總統、最高法院及憲政領導權》，北京：北京大學出版社 2010 年版，扉頁。

26. 陳林林、許楊勇：〈司法解釋立法化問題三論〉，《浙江社會科學》2010 年第 6 期，第 33 頁。

27. 香港基本法附件一規定，2007 年以後各任行政長官的產生辦法如需修改，須 經立法會全體議員三分之二多數通過，行政長官同意，並報全國人民代表大 會常務委員會批准。全國人大常委會在 2004 年釋法，把以上的 "三步曲" 的 前面增加了 "兩步"。即第一步，由香港特別行政區行政長官向全國人大常 委會提出報告，提請全國人大常委會決定產生辦法是否需要進行修改。第二 步，是全國人大常委會決定，是否可就產生辦法進行修改。

28. 上官丕亮：〈論全國人大常委會解釋基本法的程序〉，《山東社會科學》2008 年第 10 期，第 22 頁。

29. 王磊：〈論人大釋法與香港司法釋法的關係 —— 紀念香港基本法實施十週 年〉，《法學家》2007 年第 3 期，第 19 頁。

30. 李昌道：〈香港基本法解釋機制探析〉，《復旦學報》（社會科學版）2008 年第 3 期，第 65 頁。

31. *Lau Kong Yung and 16 Others v.the Director of Immegration*, FACV 10 and 11/1999, para164.

32. Yash Ghai, *Hong Kong's New Constitutional Order* (Hong Kong University Press, 1999), p198.

33. 陳弘毅：《一國兩制下香港的法治探索》（增訂版），香港：中華書局（香港） 有限公司 2014 年版，第 204 頁。

34. 全國人大不是根據憲法第 62 條而是根據憲法第 31 條制定基本法，即全國人 大是受立憲者委託制定基本法，全國人大制定基本法的行為就不是一般的立 法權，而是在行使制憲權。另外，基本法內容涉及的人權規範和組織規範也 具有鮮明的憲法屬性。因此，基本法規範屬憲法規範的範疇，與 1982 年憲法 中的有關規範構成特別規範與一般規範的關係。

35. 黃明濤：〈論全國人大常委會在與香港普通法傳統互動中的釋法模式 —— 以香港特區 "莊豐源案規則" 為對象〉，《政治與法律》2015 年第 12 期，第 79 頁。

36. 〈中央與香港特別行政區的關係專題小組對條文修改情況的報告〉（1989 年 1 月 9 日），《中華人民共和國香港特別行政區基本法起草委員會第八次全體會 議文件彙編》，第 9 頁。

37. 李飛：〈關於《全國人民代表大會常務委員會關於香港特別行政區行政長官普

選問題和 2016 年立法會產生辦法的決定（草案）》的說明〉，人民網，http://
politics.people.com.cn/n/2014/0901/c1024-25574893.html（最後訪問日期：
2018 年 9 月 11 日）。

38. 劉山鷹：〈香港普選另一思路〉，愛思想網，http://www.aisixiang.com/
data/76228.html（最後訪問日期：2018 年 9 月 8 日）。

39. 同上。

40. 陳弘毅：〈可供社會討論的一個特首普選方案〉，《明報》2013 年 11 月 29 日。

41. 李浩然主編：《香港基本法起草過程概覽》（中冊），香港：三聯書店（香港）
有限公司 2012 年版，第 400 頁。

42. 同上，第 428 頁。

43. 同上，第 401-402 頁。

44. 理論上包括對得票居前的兩名行政長官人選都不任命，但鑒於不任命的弊
端，實際上要擇一任命。

45. 韓大元、黃明濤：〈論中央人民政府對香港特區行政長官的任命權〉，《港澳
研究》2014 年第 1 期，第 18-19 頁。

46. 香港基本法第 1 條的內容就是香港特別行政區是中華人民共和國不可分離的
部分。

47. 《香港行政長官選舉條例》對政黨內涵進行界定，意指宣稱是政黨的政治性團
體或組織（不論是在香港或其他地方運作者）；或其主要功能或宗旨是為參加
選舉的候選人宣傳或作準備的團體或組織，而候選人所參加的選舉須是選出
立法會的議員或任何區議會的議員的選舉。

48. 〈梁振英根據選舉條例簽法定聲明　確認無政黨背景〉，中國新聞網，http://
www.chinanews.com/ga/2012/03-31/3790175.shtml（最後訪問日期：2018 年 9
月 8 日）。

49. 俄羅斯有關法律規定在總統大選獲勝者必須在 7 個工作日內宣佈不是任何政
黨成員，並在任職期間也不加入任何政黨。俄羅斯總統都有政黨的支持，人
們把推出總統人選並支持總統施政的政黨稱為 "政權黨"（regime party），如
統一俄羅斯黨。"政權黨" 與俄羅斯現政權（總統等政府高官）的關係比較密
切，該政黨是在現政權（總統等政府高官）授意或支持下成立的，現政權在
政策、財政和媒體等方面支持該政黨的發展和參加國家杜馬選舉，該黨在進
入議會後在政策上也完全支持現政權，現政權的政府高官多為該政黨的成員。

50. 韓大元：〈香港基本法第 45 條解析：中央政府對香港特區行政長官任命權〉，

《中國法律》2015 年 6 月刊，第 37 頁。

51. 〈推翻港特首選舉結果的司法覆核申請被拒〉，財新網，http://china.caixin.com/2012-07-30/100417068.html（最後訪問日期：2018 年 9 月 8 日）。

52. 〈行政長官選舉活動指引〉，香港特別行政區選舉管理委員會網頁，https://www.eac.gov.hk/ch/chief/2016_ce_guideline.htm（最後訪問日期：2018 年 9 月 8 日）。

53. 王叔文主編：《香港特別行政區基本法導論》，北京：中共中央黨校出版社 1990 年版，第 97-98 頁。

54. 劉山鷹：〈香港普選另一思路〉，愛思想網，http://www.aisixiang.com/data/76228.html（最後訪問日期：2018 年 9 月 8 日）。

55. 〈行政長官普選的提名方式〉，《大公報》2014 年 5 月 22 日。

56. 李浩然主編：《香港基本法起草過程概覽》（中冊），香港：三聯書店（香港）有限公司 2012 年版，第 413 頁。

57. 同上，第 429 頁。

58. "兩輪投票制"，就是行政長官香港普選採用兩輪投票，如果在首輪投票中，候選人未能獲得過半數選票，則再進行次輪投票，在最終票的兩名候選人中獲得超過 50% 選票的候選人當選為行政長官。

59. 此數字為 2000 年至 2012 年歷屆立法會選舉中參加投票選民佔合資格選民比率的平均值。

60. 本書課題主持人於 2016 年 2 月 12 日在香港與李曉惠先生的座談記錄。

61. 陳弘毅：《一國兩制下香港的法治探索》（增訂版），香港：中華書局（香港）有限公司 2014 年版，第 114 頁。

62. 〈袁國強譚志源訪京晤李飛　中央強調 2017 普選非終極〉，新華網，http://news.takungpao.com.hk/hkol/politics/2015-02/2915092.html（最後訪問日期：2018 年 9 月 8 日）。

63. 〈袁國強：2017 普選非最終方案〉，香港大公網，http://news.takungpao.com.hk/hkol/politics/2015-03/2933508.html（最後訪問日期：2018 年 9 月 8 日）。

64. "18 學者方案"、"湯家驊方案"、"陳文敏方案"、"真普選聯盟學者團方案"等關於香港行政長官普選方案都認同在香港基本法框架內由提名委員會產生行政長官候選人。

65. 劉山鷹：〈香港普選另一思路〉，愛思想網，http://www.aisixiang.com/data/76228.html（最後訪問日期：2018 年 9 月 8 日）。

66.〈饒戈平：可 "逐個陳述逐個表決" 產生候選人〉，中國評論新聞網，
http://hk.crntt.com/doc/1032/2/8/4/103228400.html?coluid=7&kindid=0&doc
id=103228400（最後訪問日期：2018 年 9 月 11 日）。

結語

結語

—————— • ——————

　　選舉制度是民主制度的核心組成部分，為民主制度提供了可操作性的政治工具，是國內和國際合法性的基礎。根據熊彼特對民主的最簡定義，"民主制度只不過是一種通過競取人民的選票來獲得做出政治決定的權力的政治方法。"[1]一般傾向於認為，選舉民主在權力委託上能夠較為直接與清晰地表達或展現每個人的意願，其目的在於建立以競爭方式來制約執政者的制度安排，保護個人權利與自由。完善的選舉制度是實現民主的必要條件，這已經成為了學界的共識。關於香港行政長官普選問題，香港基本法第45條規定，行政長官的產生辦法最終達至由一個有廣泛代表性的提名委員會按民主程序提名後普選產生的目標。香港行政長官的普選必須按照香港基本法的規定進行，但香港基本法的以上規定比較原則，其中提名委員會如何組建、候選人怎麼產生、普選怎樣進行等都還需要有進一步的制度安排。設計具體制度來處理這些問題，需要儘量實現三個"統一"。

一、保持功能界別傳統與擴大香港選民基礎相統一

　　自 1998 年以來，香港行政長官選舉委員會的組成就是由工商、專業、基層勞工宗教、政界四大界別構成。根據全國人大常委會的要求，2017 年行政長官普選的提名委員會也由此四大功能界別構成。功能組別作為香港的一種選舉方式，是由港英政府首先提出，最早是應用於立法機關選舉。設計該選舉方式是鑒於香港財經界及專業人士對維繫香港前途的繁榮港人的信心關係重大，強調這些人士應有充分的代表權。港英政府在 1984 年發表的《代議制綠皮書 —— 代議政制在香港的進一步發展》中提出，當前立法局議員所來自的各種社會功能劃分的選民組別，例如工商界、醫學界、法律界、教育團體、金融界、勞工團體等都應有代表出任立法局議員。其他這類必須足以代表社會上某些人數相當多而重要的團體或階層的選民組別，也應有代表出任立法局議員，每個選民組別所選出的代表數目，視其人數多少及重要性而定。港府在上述綠皮書徵求意見後，在同年 11 月公佈的《代議政制白皮書 —— 代議政制在香港的進一步發展》中提出，立法局非官守議員是從按社會功能劃分的組別中甄選出來，白皮書建議把這個甄選辦法發展成一個正式的代議制度，以便從每個按社會功能劃分的選民組別中選出一名或多名代表。自 1998 年以來，功能界別選舉也應用於行政長官選舉委員會的構成，香港行政長官選舉委員會的組成就是由工商、專業、基層勞工宗教、政界四大界別構成。全國人大常委會在 "831 決定" 中把四大界別作為行政長官提名委員會的構成方式，預計未來行政長官提名委員會的構成也會沿用此法。

由工商、專業、基層勞工宗教、政界四大界別構成的行政長官提名委員會產生行政長官候選人，也是保證香港各個階層、各個界別、各個方面均衡參與的重要途徑。

不可諱言，以四大界別構成的行政長官提名委員會也存在不盡人意之處，如不同界別的合資格選民基數有較大差距。香港社會對界別選舉已有批評，認為有違選舉公平原則。香港社會主流意見認為必須擴大提名委員會的選民基數。筆者認為，香港基本法沒有明確規定是否擴大提名委員會的選民基數，只是通過附件一的有關規定授權香港立法會對此進行立法。擴大行政長官提名委員會選民基數，把更多主體納入選舉程序，不僅沒有違反香港基本法，反而是符合香港基本法第 45 條達至"普選"的精神。擴大功能界別的選民基數，需要對下列幾個問題進行探討：第一，探明造成目前各界別選民基數有較大差距的原因。提名委員會各界別分組的投票人登記資格，無論是採取個人票、團體票，還是混合票，提名委員在各界別之間的分配都應體現公平正義。但絕對的公正是不存在的，我們只能達至相對公正，而這種相對公正也是由多種因素綜合決定的。分配提名委員數量考慮的主要因素不僅有該界別的從業人口，還要考慮其對香港本地經濟社會發展的貢獻等因素，而這些因素也是動態的，各界別分配提名委員會成員的數量需要適時調整。第二，明確團體（公司）票是否轉化為個人票。選民基礎小的界別基本上是團體（公司）選民，內部競爭缺乏，民主程度較低，甚至存在自動當選現象，如第一界別的商界（第二）、僱主聯合會、金融服務界、香港中國企業協會、進出口界等界別的選舉委員會委員全部自動當選。有眾多意見認為應把團體

（公司）票轉化為個人票。前行政長官梁振英也表示，為了提高提名委員會的民主成分，政府可以考慮以個人票取代公司或團體票。鑒於採用團體（公司）票民主程度較低的現實，變團體（公司）票為個人票必然是趨勢。但在具體步驟上，可能難以一步到位。此外，個人票應是全體從業者票，還是僅為董事票、高級經理人票，或以上諸種方式並存？此問題有待進一步研究。第三，處理好提高民主性與保持功能性的關係。功能界別產生的提名委員會委員應具有本界別的代表性，這是未來功能界別選舉改革必須堅持的原則。變團體（公司）票為個人票是必然趨勢，但應考慮候選人在本界別中必須具有代表性。就工業界別改革而言，如果把選民基礎擴大到工業界的所有員工，好處是選民基礎得到擴大，但因員工的數量大大超過老闆，由此選舉的議員通常只會是工會領袖，難以代表和體現商會業界的利益，也就失去功能界別的原意。在擴大選民基礎時，必須考慮如何釐定選民資格。其實，界別選民可為該界別的全體從業人員，但必須保證候選人在本界別中具有代表性。故此，可由該界別的會員單位法定代表人組建提名委員會提名產生候選人，以保證候選人具有本界別的代表性。

二、立足香港本土區情與跟上世界民主潮流相統一

香港行政長官實現普選是香港民主政治發展的重要內容，香港民主政治發展首先應立足香港本土區情。香港基本法已經規定，行政長官的產生辦法最終達至由一個有廣泛代表性的提名委員會按民主程序提名後普選產生的目標，就是依據香港的

實際情況作出的制度安排。此內容在沒有修改之前，香港的行政長官普選必須堅持提名委員會提名的辦法，不可實行政黨提名、公民提名等其他辦法，這是法治的基本要求。政黨提名、公民提名等方法為什麼不能採用？這不僅是因為這些辦法與香港基本法的有關規定相衝突，而且因為這些辦法的確不適合於香港。就政黨提名而言，香港目前還沒有專門規範政黨的專門法律，只有在行政長官選舉條例等個別法例中涉及政黨的少量內容，無論是制定法，還是判例法，香港政黨法制水平都很低；香港政黨發展不成熟，尚缺乏明確的施政綱領，社會對政黨的認同度很低，一旦政黨候選人掌握特別行政區的行政長官職位，政治爭拗則會更為加劇；此外，香港政黨數量較多，但大多屬泛民主派陣營，有的政黨還以反政府、反中央而標新立異。就公民提名而言，雖然香港居民大多是中國公民，但香港社會中有相當一部分人對於內地負面的東西往往易於接受，卻對於過去三十多年政治上的巨大進步比較麻木，且老是糾纏歷史上發生過的不愉快事情不放，甚至主張推翻中國執政黨。在這樣的情況下，如果實行公民提名，在香港這樣一個高度自由、開放的社會，不能排除與中央對抗的人掌權。正如有關領導所說，提名委員會按照目前的選舉委員會組建，既是香港基本法有關規定的要求，也是行政長官普選防範各種風險的客觀需要。

行政首長如何選舉產生，雖然在世界上不存在統一的模式，但現代的選舉制度都應體現平等這一普選的核心價值。香港行政長官普選方案必須立足香港本土區情，但也要跟上世界民主潮流，在提名等制度安排上符合平等的價值準則。行政長官候選人必須得到提名委員會半數以上委員同意的規定，為什麼引起很多港人的強烈反對，甚至部分建制派人士對此也不認可？因為在提名委員會按照目前行政長官選舉委員會產生辦法產生的情況下，建制派人士將佔據該委員會的大多數。按此選舉規則，泛民主派參選人不可能成為行政長官候選人。而在過去非普選時代，泛民主派的梁家傑、何俊仁還參加過行政長官選舉，雖然按照當時的規則安排，他們不會當選。這必然讓人們懷疑普選的真實性、正當性。從《公民權利和政治權利國際公約》英文版本中可以清楚地發現，"普及而平等" 不僅約束狹義上的選舉權，也約束被選舉權，被選舉權中當然也包括被提名的權利。因而提名權和被選舉權亦受 "普及而平等" 原則的約束。雖然《公約》第 25 條（ｂ）項因條約保留問題不適用於香港行政長官選舉，但是其作為國際公約的重要條款在很多國家適用，故可以作為評判選舉制度是否有充分正當性的標準。另外，香港基本法第 25 條規定，香港居民在法律面前一律平等，因而提名問題不能不考慮平等原則。

香港立法會在 2015 年 6 月 18 日就 2017 年行政長官普選方案進行表決，此方案因很多建制派議員臨時離會而未獲通過。即使建制派議員都在，在泛民主派議員一致反對的情況下，也無法通過此政改方案，畢竟目前建制派議員人數所佔比例不到全體議員的三分之二。議案遭致反對的主要原因在於候選人必須獲得提名委員會半數以上委員同意。我們很高興見到時任香港特區律政司司長袁國強先生於 2015 年 2 月 6 日在與李飛等中央官員就本港政改問題交換意見後向媒體表示，2017 年落實行政長官普選不代表是終極方案。這意味著下次行政長官的普選方案可以修改，相信屆時的行政長官普選規則會有充分的正當性。可以預想未來普選方案很可能降低候選人的提名門檻，讓建制派、泛民主派都有候選人參加普選，這可能遭致小部分港人的反對，但必定獲得最大多數港人的認同。如此具有較高正當性的選舉規則，能在立法會得以通過，也能促使更多的港人去參加選民登記和投票。

三、尊重香港選民意志與體現中央政府意志相統一

香港基本法規定行政長官人選在當地通過協商或選舉產生，然後報中央政府任命。自回歸以來，香港行政長官人選都是由選舉產生，雖然這種選舉是間接選舉，但在一定程度上也體現了香港的民意。未來若實現了普選，由香港選民一人一票選出行政長官人選，行政長官人選就是香港選民意志直接物化的結果，應得到充分的尊重，這是不證自明的道理。

有些人一直質疑中央政府對行政長官的任命權是實質性的權力。首先，中國國家結構形式決定中央政府有權任命特別行政區的行政長官。在單一制下，地方行政區域的權力來自中央的授予。中國憲法雖未明確中國是單一制國家，但憲法第 3 條規定，中央和地方的國家機構職權的劃分，遵循在中央的統一領導下，充分發揮地方的主動性、積極性的原則，這表明中國無疑是單一制國家。在單一制國家，中央政府有權任命地方行政首長。在單一制國家，地方的權力來自中央政府的授予，中央政府完全有權任免地方行政長官。其次，掌握對行政長官的任命權也是實現對香港管治的重要保障。根據高度自治原則，

中央政府對香港特別行政區直接行使的管治權有限，對其自治權的監督權也有限。香港立法會是民意機關，議員由選民選舉產生，向選民負責，不用向中央政府負責，中央政府難以直接通過立法會實現其管治香港的目的。法院是司法機關，根據香港基本法第 88 條，香港特別行政區法院的法官，根據當地法官和法律界及其他方面知名人士組成的獨立委員會推薦，由行政長官任命。只有終審法院的法官和高等法院首席法官的任命或免職，報全國人民代表大會常務委員會備案。香港基本法第 43 條規定，香港特別行政區行政長官是香港特別行政區的首長，代表香港特別行政區。香港特別行政區行政長官依照本法的規定對中央人民政府和香港特別行政區負責。在立法、司法和行政三者之中，只有行政長官及其領導的政府能夠落實中央政府的意旨。香港基本法第 48 條第 8 項規定"行政長官須執行中央人民政府就香港基本法有關事項發出的指令"，這可以理解為中央政府通過行政長官來實現依基本法對香港進行管治。為了保障行政長官依法施政，實現中央政府管治香港的目標，全國人大在制定香港基本法時給予行政長官較多權力，從而使香港政制明顯體現出行政主導的特徵。再次，香港政治生態的複雜現狀促使中央政府不能放棄對行政長官的任命權。香港作為被英國殖民統治了 150 多年歷史的地方，政治生態與內地的省份有重大區別，這決定了中央政府要長期掌握行政長官任命權。香港一直存在讓中央政府擔憂的現象：有些人故意與中央政府對抗，有人一直主張推翻共產黨執政，有些港人還搞"港獨"活動，有些外國勢力試圖把香港變成一個顛覆中國內地政權的基地等。行政長官具有廣泛的職權，在香港具有舉足輕重的地位，行政長官實際上是中央與特別行政區之間最重要的法律連接點。面對香港如此複雜的政治生態，中央政府自然不會放棄如此重要人選的任命權。

行政長官既向中央政府負責，又要向香港特別行政區負責。這種雙重負責，決定了行政長官不應是中央政府或香港選民單方意志的產物，而是雙方意志的合一。香港行政長官人選應體現中央政府意志，而中央政府的意志可分散於行政長官產生程序的提名、選舉和任命三個環節來系統體現，避免中央政府意志集中於某一環節體現所造成的對香港社會巨大的衝擊。在未來普選的情況下，行政長官人選是香港選民意志直接物化的結果，中央政府對香港選民的抉擇應予以充分的尊重。為了避免中央政府不任命行政長官人選而引致的危機，可考慮通過全國人大常委會解釋香港基本法第 45 條來明確中央政府對行政長官人選具有選擇性任命權，即中央政府若對得票最多的候選人不合適擔任行政長官，可退而求其次；當然，若兩者得票數差距較大，中央政府還是得任命得票最多者。香港特別行政區政府需要據此修改《行政長官選舉條例》，明確香港本地產生的行政長官人選為得票居前的兩名候選人，並把其上報給中央政府，以供其選擇任命。

| 註釋 |

1. 【美】約瑟夫‧熊彼特著,吳良健譯:《資本主義、社會主義與民主主義》,
   北京:商務印書館 1999 年版,第 359 頁。

結語

附錄

香港各任行政長官選舉簡介 [1]

────────── • ──────────

一、1996 年第一任行政長官選舉簡介

香港特別行政區首次行政長官選舉，是在 1997 年香港政權移交前舉行。1996 年 1 月 26 日，香港特別行政區籌備委員會在北京成立，統籌特區成立的準備工作。根據《全國人民代表大會關於香港特別行政區第一屆政府和立法會產生辦法的決定》的規定，推選第一任行政長官人選的推選委員會共 400 人，全部由香港永久居民組成。推選委員會分為四大界別：（1）工商、金融界 100 人；（2）專業界 100 人；（3）勞工、基層、宗教等界 100 人；（4）原政界人士、香港地區全國人大代表、香港地區全國政協委員的代表 100 人。1996 年 10 月 5 日，籌委會第五次全體會議通過了《中華人民共和國香港特別行政區第一任行政長官人選的產生辦法》。該辦法規定，第一任行政長官人選由推選委員會以無記名投票方式選舉產生。

當年 10 月 11 日，籌委會秘書處公佈了行政長官參選人報名辦法。在 10 月 14 日至 28 日的報名期內，共有 31 位有意參選的人士遞交了表達參選意願的信函，並填寫了個人簡歷表。11 月 1 日至 2 日籌委會第六次全體會議期間，主任委員會議根據報名人本人提供的材料進行了資格審查，確定了其中八名符

分歧與共識：香港行政長官普選制度研究

合資格要求的人士，將他們列為第一任行政長官參選人，包括董建華、楊鐵樑、吳光正、李福善以及其餘四位知名度較低的候選人杜森、區玉麟、蔡正矩及余漢彪。按照第一任行政長官人選的產生辦法的規定，參選人必須獲得推選委員會 50 名或 50 名以上委員提名，才可以成為第一任行政長官候選人。11 月 15 日，在籌委會主任委員會議成員主持下，推選委員會第一次全體會議進行了行政長官候選人的提名工作，董建華、楊鐵樑、吳光正等三人獲得 50 名以上推選委員的提名成為第一任行政長官候選人。

為使推委會委員和廣大港人更多地了解行政長候選人，11 月 27 日至 29 日，推選委員會在香港舉行了第二次全體會議，首先由三位候選人在會上報告各自的施政主張，然後推選委員會的全體委員按工商、金融界，專業界，勞工、基層、宗教等界，香港地區全國人大代表、全國政協委員的代表、原政界人士等四大界別分別開會，由三位候選人分別回答推委提出的問題。答問活動中，推委們向三位候選人共提出 224 個問題。由於問答雙方事先都作了充分準備，態度認真、務實，答問活動進行得緊湊有序，氣氛既熱烈又莊重。香港社會各界普遍認為，答問活動對增進推委會委員和社會各界人士對候選人的了解大有裨益，並認為這種競選方式體現了中國人的傳統美德，是一種符合香港實際的民主形式。

12 月 11 日，推選委員會在籌委會主任會議成員主持下舉行第三次全體會議，舉行行政長官選舉，結果董建華以 320 票當選，楊鐵樑及吳光正分別取得 42 票和 36 票。第二天，籌委會第七次全體會議在深圳舉行，通過決定報請國務院對第一任行政長官人選加以任命。12 月 16 日，國務院第 11 次全體會議通過決定，任命董建華為香港特區首任行政長官。會後李鵬總理簽署國務院第 207 號令，任命董建華為中華人民共和國香港特別行政區第一任行政長官，於 1997 年 7 月 1 日就職。

1996 年第一任行政長官選舉結果

參選人姓名	政 黨	提名票	得 票
董建華	/	206（合資格）	320（當選）
楊鐵樑	/	82（合資格）	42
吳光正	/	54（合資格）	36
李福善	/	43（不合資格）[註]	/

註：須獲最少 50 名推選委員會提名票，方可成為正式候選人。

二、2002 及 2005 年第二任行政長官選舉及補選簡介

（一）2002 年第二任行政長官選舉

2002 年香港特別行政區第二任行政長官選舉，原本計劃於 2002 年 3 月 24 日舉行。但由於爭取連任的董建華取得了 800 名選舉委員會委員中 762 人的提名，其他有意的參選人不可能取得基本法附件一規定的 100 名選委的提名而成為候選人，董建華於是自動當選。2002 年 3 月 4 日，國務院總理朱鎔基簽署了國務院第 347 號令，任命董建華為中華人民共和國香港特別行政區第二任行政長官，於 2002 年 7 月 1 日就職。

2002 年第二任行政長官選舉結果

參選人姓名	政 黨	提名票	得 票
董建華	/	762（合資格）	自動當選

（二）2005 年第二任行政長官補選

2005 年，時任行政長官的董建華提出辭職，本港首次需進行行政長官補選，以接替第二任行政長官的餘下任期。選舉原本計劃於 2005 年 7 月 10 日舉行，但由於絕大多數選舉委員會的提名（674 個選委提名）已被曾蔭權取得，另外兩位有意參選的李永達和詹培忠，分別只得到 52 和 20 位選委提名，達不到基本法附件一規定的候選人須有 100 名選委提名的要求，在提名期完結前宣佈棄選，曾蔭權自動當選，並獲國務院任命，任期至 2007 年 6 月 30 日。

在這次補選中，有關新補選行政長官的任期是餘下的二年或是完整一任即五年任期，在香港社會存在爭議。全國人大常委會於 2005 年 4 月 27 日對基本法相關條文作出解釋，規定 "在行政長官由任期五年的選舉委員會選出的制度安排下，如出現行政長官未任滿基本法第 46 條規定的五年任期導致行政長官缺位的情況，新的行政長官的任期應為原行政長官的剩餘任期"。

2005 年第二任行政長官補選結果

參選人姓名	政 黨	提名票	得 票
曾蔭權	/	674（合資格）[註]	自動當選
李永達	民主黨	52	/
詹培忠	/	20	/

註：支持曾蔭權的 714 名選委中，674 人直接給予提名票，另有 40 名選委以 "支持同意書" 表態，他們主要是提名資格受質疑的 "問題選委"。

三、2007 年第三任行政長官選舉簡介

2007 年的第三任行政長官選舉於 3 月 25 日舉行。由於立法

會修訂了《行政長官選舉條例》，加入了"信任投票"制度，即使只有一人得到足夠提名，仍然需要投票。在提名階段，800 名選委（當中有 4 人身份重複，另外 1 人已去世）中，共有 773 人作出提名，尋求連任的曾蔭權取得 641 張提名票成為候選人。代表泛民主派的公民黨立法會議員梁家傑取得 132 票，成為另一位合資格候選人。

在投票階段，曾蔭權取得 649 票，梁家傑取得 123 票，曾蔭權勝出。2007 年 4 月 2 日，國務院總理溫家寶簽署國務院第 490 號令，任命曾蔭權為中華人民共和國香港特別行政區行政長官。

2007 年第三任行政長官選舉結果

參選人姓名	政　黨	提名票	得　票
梁家傑	公民黨	132（合資格）	123
曾蔭權	/	641（合資格）	649（當選）

四、2012 年第四任行政長官選舉簡介

2012 年第四任行政長官的產生辦法作出了修改，選舉委員會由原來的 800 人增至 1,200 人，候選人的提名門檻維持在選舉委員會人數的八分之一，不少於 150 名的選舉委員可聯合提名行政長官候選人。每名委員只可提出一名候選人。要勝出本次選舉，候選人需要取得超過全體 1,200 名選委中的過半數（601 票）有效票。如在首輪投票中，沒有候選人取得超過半數有效票，將淘汰最低票數的候選人進入下一輪投票；如果剩下兩名候選人的情況下，依然沒有候選人取得超過半數有效票，

將作流選論，整個選舉將會由提名期起開始重新進行一次，並於六個星期後，即 5 月 6 日重新投票。

這一任的行政長官選舉，是歷來競爭最激烈的選舉，共有三人分別取得候選資格，包括：梁振英（305 張提名票）、何俊仁（188 張提名票）、唐英年（390 張提名票）。選舉於 3 月 25 日舉行，梁振英獲得過半數的 689 票而勝出。2012 年 3 月 28 日，溫家寶總理簽署了任命梁振英為中華人民共和國香港特別行政區第四任行政長官的國務院第 616 號令。

2012 年第四任行政長官選舉結果

參選人姓名	政 黨	提名票	得 票
梁振英	/	305（合資格）	689（當選）
何俊仁	民主黨	188（合資格）	76
唐英年	/	390（合資格）	285

五、2017 年第五任行政長官選舉簡介

2017 年香港特區行政長官選舉辦法與 2012 年相同，提名期 2 月 14 至 3 月 1 日。胡國興、葉劉淑儀、林鄭月娥、曾俊華等人先後宣佈參選。因葉劉淑儀獲得的提名票不足，最後參加此次選舉的有曾俊華、林鄭月娥、胡國興。

3 月 26 日，近 1,200 名香港特區行政長官選舉委員會委員於香港會展中心主投票站對三名候選人以無記名方式進行投票。林鄭月娥、曾俊華和胡國興三名候選人得票數分別是 777 票、365 票和 21 票。根據香港基本法和《香港特區行政長官選舉條例》，獲得 600 張以上有效選票即成為行政長官人選，故林鄭月娥當選

為香港特區首位女性行政長官。2017 年 3 月 31 日，國務院總理李克強簽署國務院第 678 號令，任命林鄭月娥為中華人民共和國香港特別行政區第五任行政長官，任期自 2017 年 7 月 1 日至 2022 年 6 月 30 日。

2017 年第五任行政長官選舉結果

參選人姓名	政 黨	提名票	得 票
林鄭月娥	/	626（合資格）	777（當選）
曾俊華	/	174（合資格）	365
胡國興	/	193（合資格）	21

| 註釋 |

1. 2016 年以前各任行政長官選舉情況引自韓成科、林健忠、李曉惠編著：《香港特區選舉制度與競選工程》，香港：新民主出版社有限公司，第 331-338 頁。已得到出版社授權。

致謝

　　本書是本人主持的國家社科基金課題"香港特別行政區基本法與行政長官選舉制度研究"（項目批准號：14BZZ075）的結項成果。此項研究工作從擬定提綱到付梓出版經歷四年多時間，因本人來澳後教學任務較重，於是改變過去"單打獨鬥"的做法，特請了數位"外援"參與部分章節的撰寫工作。主要參加人員（按承擔章節先後為序）有：朱兆麟（香港政治及管治學院聯合創辦人及召集人）、湯大華（北京大學港澳研究中心研究員）、林朝暉（北京港澳學人研究中心理事）、黎沛文（深圳大學基本法研究中心副研究員）、孫瑩（中山大學法學院副教授）、冷鐵勛（澳門理工學院一國兩制研究中心主任）。各章的撰寫任務分工如下：第一章　朱兆麟、朱世海；第二章　湯大華、林朝暉、朱世海；第三章　朱世海、黎沛文、孫瑩；第四章　朱世海、冷鐵勛；第五章　朱世海。此外，作為課題主持人，本人還承擔擬定寫作提綱、撰寫緒論及通稿等工作。另須提及的是，香港特區政府勞工及福利局副局長徐英偉先生為本課題研究貢獻了智慧；香港可持續發展研究中心的劉麗怡小姐等研究人員對香港有關學者進行訪談，並多次提供資料、核對資料。對上述人士為本課題研究付出的辛勞，在此一併致謝。

　　在課題研究過程中，本人數次到香港調研、收集資訊，或利用在港參加會議的機會訪問有關學者和人士。香港大學法律學院陳弘毅教授、朱含助理研究員，香港城市大學法律學院朱國斌教授、王書成助理教授，香港文化協進智庫李曉惠總裁，香港一國兩制青年論壇召集人何建宗先生，香港知青聯誼會李理常務副會長，福建省總商會高玉鼎副會長，香港惠州社團聯合總會朱建清常務副主席，滬港校友聯合會單志明主席，香港浙江省同鄉會聯合會詹耀良會長、詹洪良常務副會長、章吉琴總幹事等對此研究工作給予大力支持，或熱情接待本人。在此，特向他們致以謝意！

感謝三聯書店（香港）有限公司的顧瑜博士、蘇健偉先生，他們為書稿編輯工作付出很多辛勞，特別是他們對書稿提出一些修改意見對於提高本書的品質大有裨益。感謝中央政府駐香港特別行政區聯絡辦公室法律部部長王振民教授把此書收入其主編的"憲法與基本法研究叢書"。此外，感謝五名匿名評審專家在全國哲學社會科學規劃辦公室組織的結項鑒定中給予本研究成果較高評價。匿名評審專家對課題成果也提出一些完善意見，主持人大多欣然接受。誠然，文稿一定還存在這樣或那樣的問題，懇望方家賜教。

在寫此文之際恰逢結婚紀念日，感謝妻子婉冰博士十多年來的深切關愛和辛苦付出，兩個寶貝朱瀟陽、朱櫟安在媽媽的精心呵護下也得以健康快樂成長。

朱世海

zshjj@sina.com.cn

2018 年 5 月 2 日 於澳門

致謝

憲法與基本法研究叢書

主編　　　　王振民

———————————————————————————

責任編輯　　蘇健偉
書籍設計　　任媛媛

———————————————————————————

書名　　　　分歧與共識：香港行政長官普選制度研究
著者　　　　朱世海　等
出版　　　　三聯書店（香港）有限公司
　　　　　　香港北角英皇道 499 號北角工業大廈 20 樓
　　　　　　Joint Publishing (H.K.) Co., Ltd.
　　　　　　20/F., North Point Industrial Building,
　　　　　　499 King's Road, North Point, Hong Kong
發行　　　　香港聯合書刊物流有限公司
　　　　　　香港新界大埔汀麗路 36 號 3 字樓
印刷　　　　美雅印刷製本有限公司
　　　　　　香港九龍觀塘榮業街 6 號 4 樓 A 室
版次　　　　2018 年 10 月香港第一版第一次印刷
規格　　　　16 開（170mm×245mm）240 面
國際書號　　ISBN 978-962-04-4389-3
　　　　　　© 2018 Joint Publishing (Hong Kong) Co., Ltd.
　　　　　　Published & Printed in Hong Kong